Información legal

© 2023
Autor y editor: M.Eng. Johannes Wild
A94689H39927F
E-Mail: 3dtech@gmx.de

Los datos completos del autor del libro se encuentran en las últimas páginas

Esta obra está protegida por los derechos de autor

Prólogo

¡Muchas gracias por elegir este libro!

¿Te gustaría profundizar en tus conocimientos y habilidades de diseño CAD paso a paso con el software "FreeCAD"? Entonces, ¡has venido al lugar adecuado! Porque sobre la base de nueve proyectos de diseño de dificultad moderada, en este curso orientado a la práctica podrás aprender nuevos enfoques y nuevas funciones del programa "FreeCAD" y mejorar así tus conocimientos de CAD.

Este curso es adecuado para ti si ya tienes conocimientos de principiante de "FreeCAD" y/o has completado el curso de principiante para ello. Si no es tu caso, consulta primero el curso para principiantes. Puedes encontrarlo bajo el nombre "FreeCAD | paso a paso".

Soy ingeniero y en este curso intento introducirte en el diseño avanzado en "FreeCAD" de una forma sencilla y fácil de entender.

Aquí tienes el enlace a la descarga gratuita:

https://www.freecadweb.org

Este curso, detallado y orientado a la práctica, está dirigido específicamente a usuarios avanzados y muestra con detalle y paso a paso cómo conseguir diseños CAD aún más complejos. Consigue ahora tu copia del curso y mejora tus habilidades en "FreeCAD" ¡hoy mismo!

Índice

Información legal 1

Prólogo 2

Índice 3

1 Introducción: ámbito del curso y configuración 4

1.1 Qué esperar y qué aprenderás en este curso 4

1.2 Configuración básica de "FreeCAD" 5

2 Proyecto nº 1: Muelle helicoidal 13

3 Proyecto nº 2: Mosquetón 17

4 Proyecto nº 3: Rueda dentada 27

5 Proyecto nº 4: Florero 41

6 Proyecto nº 5: Biela, pistón y bulón de pistón 49

7 Proyecto nº 6: Llave inglesa (llave fija) 74

8 Proyecto nº 7: Rodamiento de bolas 84

9 Proyecto nº 8: Regadera 99

10 Proyecto nº 9: Mando a distancia 115

Palabras finales 132

Información sobre el autor / editor 135

1 Introducción: ámbito del curso y configuración

1.1 Qué esperar y qué aprenderás en este curso

¡Hola y bienvenido al curso avanzado "FreeCAD"!

¡Gracias por elegir este curso!

En este curso encontrarás nueve magníficos proyectos de construcción con un nivel de dificultad de fácil a medio. Puedes reconstruir estos proyectos paso a paso en el software CAD gratuito "FreeCAD" y mejorar así tus conocimientos de CAD. Como usuario avanzado, no necesitas una gran introducción al programa, pero seguro que te gustaría empezar inmediatamente. Por tanto, tras una breve nota sobre cómo descargar el programa y algunos ajustes básicos importantes, empezamos inmediatamente con el primer proyecto de diseño.

Este curso es específico sólo para diseño CAD avanzado. En este curso diseñaremos piezas sueltas y crearemos conjuntos. Para las demás áreas de trabajo de "FreeCAD" encontrarás cursos aparte con el paso del tiempo. ¡Por tanto, este curso se centra en el diseño avanzado 2D/3D con "FreeCAD"!

En este curso abordamos proyectos fáciles, como la construcción de un muelle helicoidal y un mosquetón, así como proyectos moderadamente difíciles, como la construcción de un rodamiento de bolas o un mando a distancia. Pero eso ha sido sólo una pequeña selección, hay muchos más proyectos fantásticos esperándote. En este curso, podrás reconstruir cada objeto 3D paso a paso y uno a uno para consolidar así las funciones básicas en "FreeCAD", pero también para conocer nuevas funciones.

Si no tienes conocimientos de principiante o nunca has trabajado con "FreeCAD", deberías trabajar antes en el curso para principiantes: "FreeCAD | paso a paso". Este curso te ofrece una introducción sencilla y fácil de entender al programa. Si ya has completado este curso, ¡estás bien preparado para los próximos proyectos de diseño!

<u>En pocas palabras, este curso te enseñará en detalle:</u>

- Profundiza en las funciones básicas de "FreeCAD" (del curso para principiantes) con nuevos proyectos
- Conoce las nuevas funciones 2D y 3D
- Diseña de forma práctica utilizando proyectos de ejemplo
- Aprender nuevos enfoques en la construcción
- Crea piezas individuales y conjuntos

Proyectos de construcción:

- *Muelle helicoidal,*
- *Mosquetón,*

- *Engranaje,*
- *Florero,*
- *Llave inglesa,*
- *Pistón, bulón de pistón y biela,*
- *Rodamiento de bolas,*
- *Regadera,*
- *Mando a distancia.*

Es mejor seguir el orden que se indica en el curso, ya que las lecciones de este curso también se basan en cierto modo unas en otras. Asegúrate de completar el curso para principiantes asociado "FreeCAD | paso a paso", ya que los conceptos básicos ya no se mencionan en detalle en este curso avanzado. Pero no te preocupes, también en este curso todos los proyectos se explican paso a paso. Tras un breve capítulo sobre la descarga del programa y los ajustes básicos del mismo, ¡empezamos inmediatamente con el primer proyecto!

1.2 Configuración básica de "FreeCAD"

"FreeCAD" puede descargarse gratuitamente. Para ello, ve al sitio web oficial https://www.freecadweb.org y descarga la última versión.

Antes de empezar con los proyectos de construcción, primero tratamos brevemente los ajustes del programa para que tengamos una situación de partida idéntica. Para ello, haz clic en el botón "Edit" y selecciona la opción "Preferences ...".

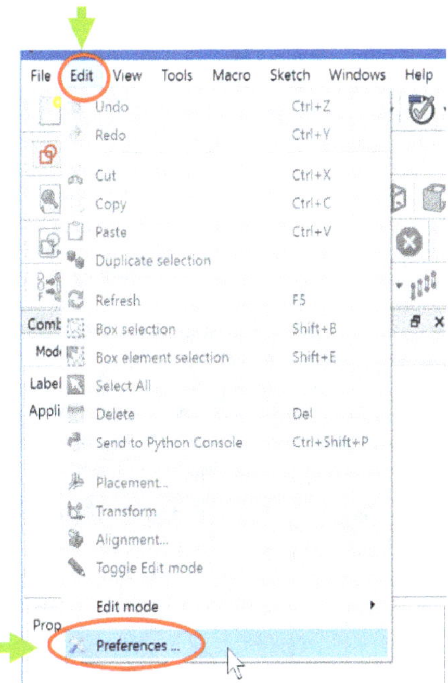

El programa "FreeCAD" selecciona automáticamente el idioma de tu sistema operativo cuando se inicia por primera vez. Sin embargo, también puedes cambiar esta configuración en la sección "General". Por razones organizativas, en este curso hemos fijado como lengua del programa el inglés. Esto te resultará ventajoso para orientarte en los foros o comunidad de Internet, en su mayoría de habla inglesa. Pero no te preocupes, podrás orientarte suficientemente en cualquier otra lengua con la ayuda de las imágenes y las explicaciones adicionales.

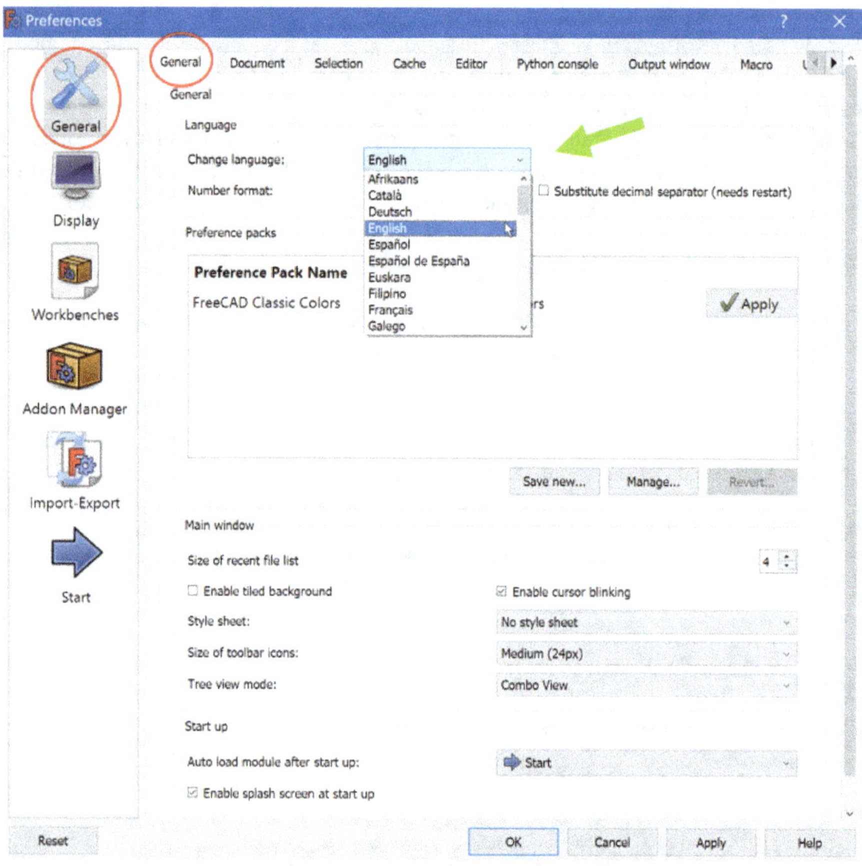

Un poco más abajo, en la sección "Main window", puedes cambiar el color de la pantalla. Sin embargo, si esto no es importante para ti, puedes simplemente dejar aquí la configuración por defecto "No style sheet". En esta sección también podemos cambiar el tamaño de los iconos de los comandos de la barra de herramientas. Es mejor utilizar aquí el ajuste "Medium (24px)" si no está ya seleccionado.

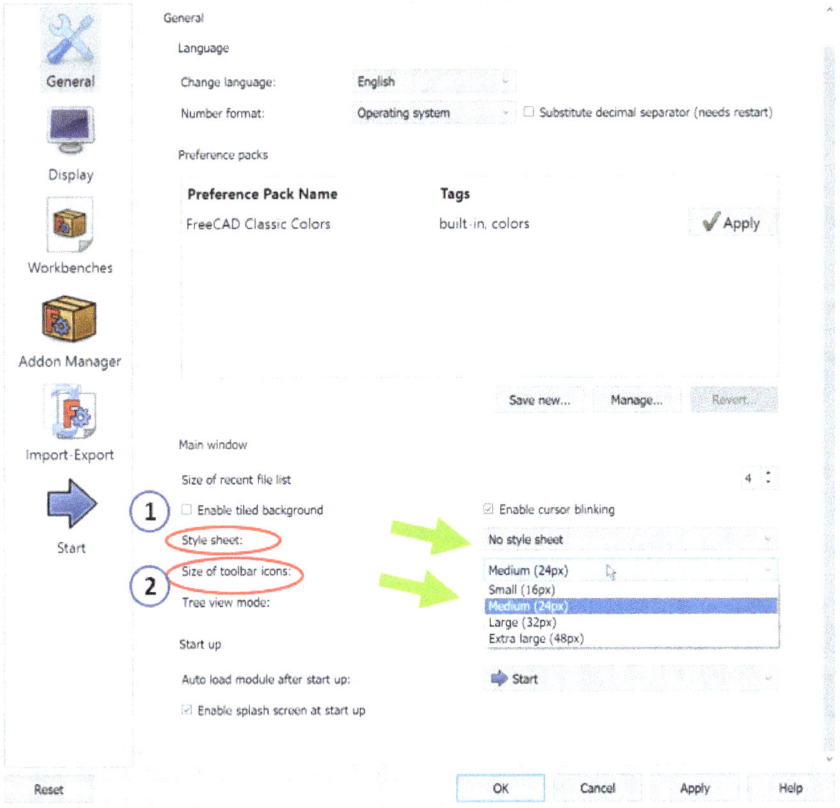

Otro ajuste importante de la sección "General" se encuentra en la pestaña "Units". Aquí podemos establecer el sistema de unidades preferido. Utilizamos las unidades estándar "Standard (mm/kg/s/degree)".

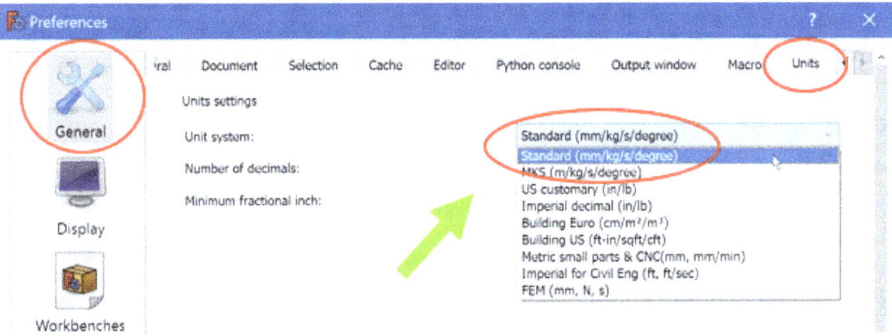

Después tenemos que comprobar en el área "Display" si se muestra el sistema de coordenadas. Para ello, hay que marcar la opción "Show coordinate system in the corner".

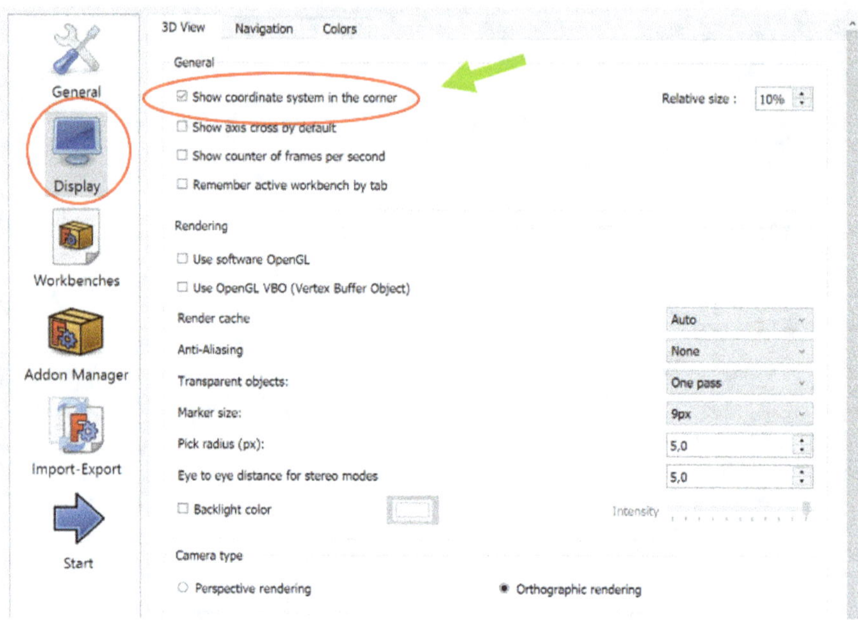

Además, podemos cambiar el fondo del espacio de trabajo aquí, en la pestaña "Colors". Esto no tiene por qué hacerse necesariamente, sino que es una cuestión de gustos. Por ejemplo, cambiamos el fondo al color blanco.

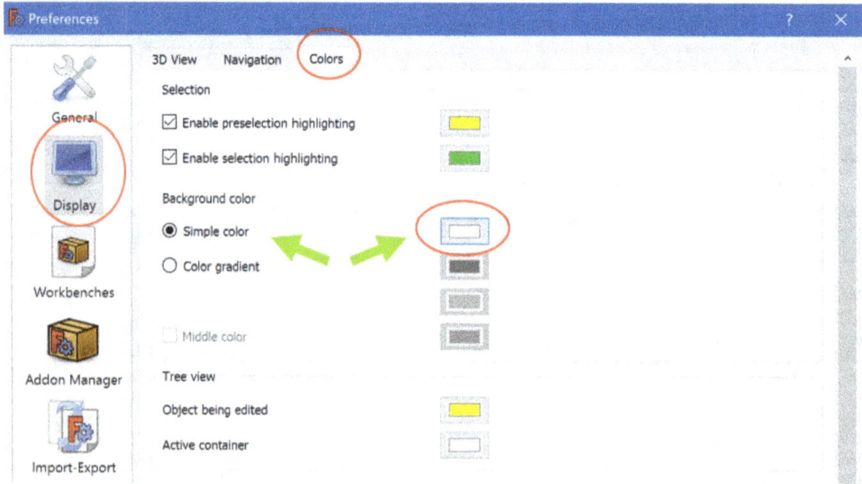

Si has cambiado los ajustes, haz clic en "Apply" en la parte inferior de la ventana y luego en el botón "OK" para aplicar los ajustes que has hecho y cerrar la ventana.

También tenemos que realizar algunos ajustes básicos importantes en el espacio de trabajo "Sketcher". Como probablemente recuerdes, creamos los bocetos 2D de nuestros objetos 3D en el espacio de trabajo "Sketcher".

Para poder realizar los ajustes, primero debemos cambiar a este espacio de trabajo y luego abrir de nuevo los ajustes ("Preferences ...").

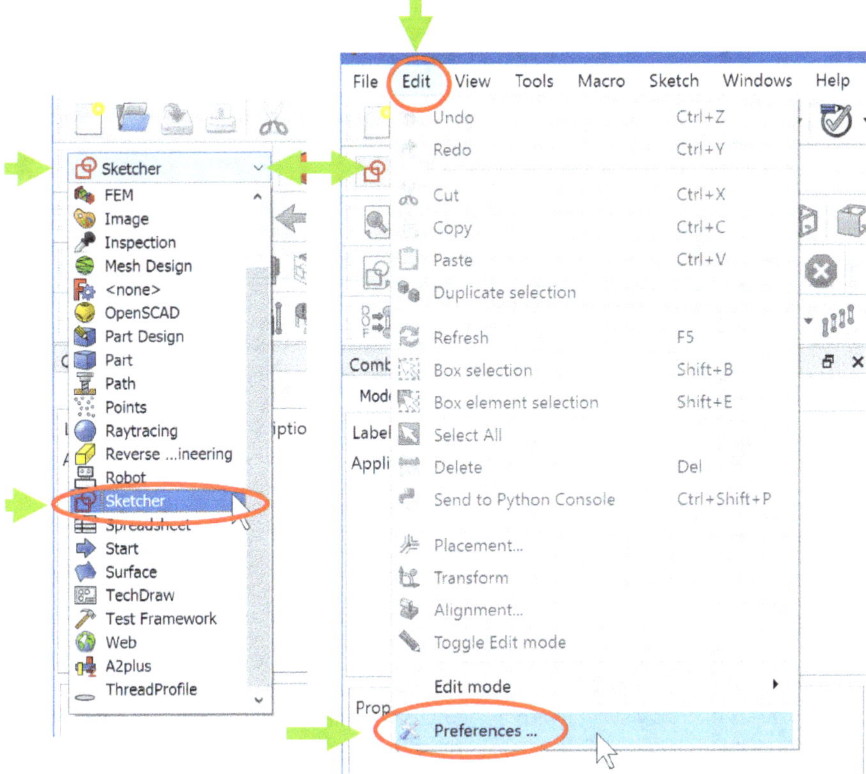

Realizamos algunos ajustes relativos a la pantalla. Para ello, navegamos en las opciones hasta la sección "Sketcher".

Aquí activamos -si lo deseas- la cuadrícula de caracteres marcando la opción "Show grid". El ajuste "Grid snap" facilita al cursor la selección de los puntos de las esquinas de la cuadrícula. **Desactivamos esta opción en este curso porque, de lo contrario, podría haber problemas con las construcciones más avanzadas al seleccionar una geometría.** Aquí también se puede ajustar el tamaño de la cuadrícula. Sin embargo, estos ajustes no son absolutamente necesarios, sino sólo una ayuda opcional a la hora de dibujar.

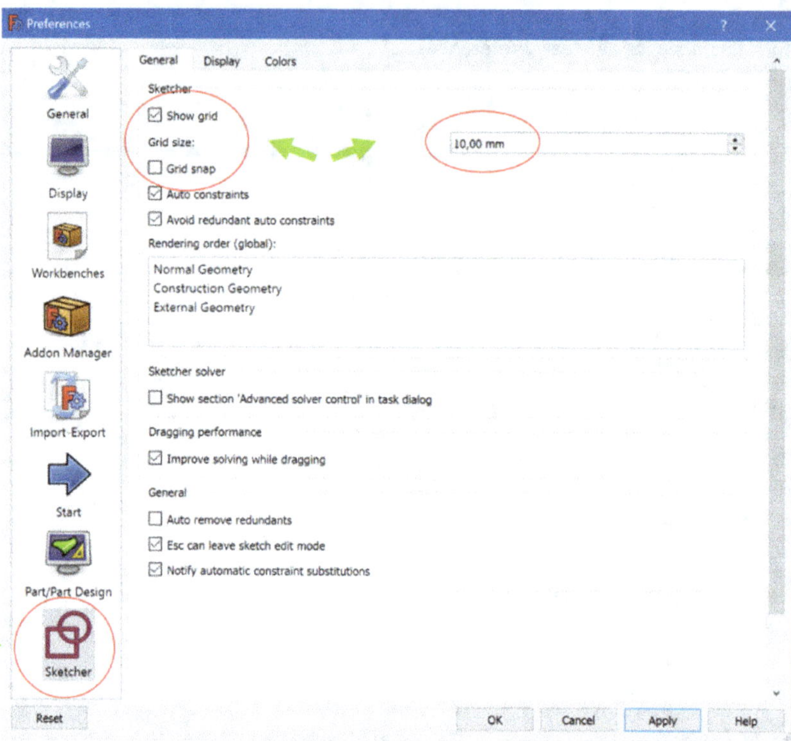

Para una mejor visualización de los elementos geométricos, también aumentamos el número de segmentos visualizados por geometría ("Segments per geometry") hasta el valor 500 en la pestaña "Display". Este ajuste permite, por ejemplo, que un círculo se visualice de forma más redondeada. Sin embargo, esto sólo se nota cuando te acercas mucho a la geometría.

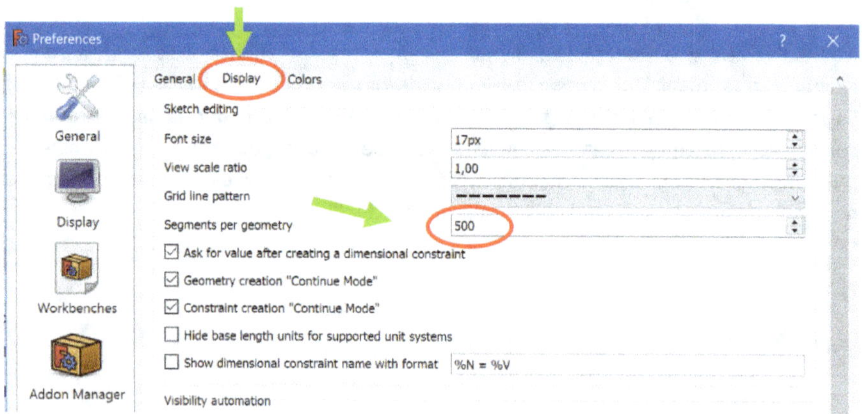

También es importante que los campos marcados en rojo en la pestaña "Colors" los pongamos de color negro o de un color oscuro similar si hemos elegido un fondo blanco o claro. De lo contrario, no podríamos ver después los elementos geométricos.

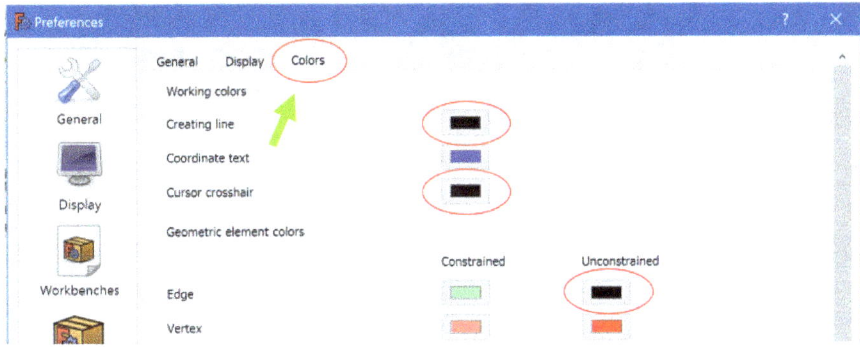

También podemos cambiar el tamaño de visualización del cubo orbital ("navigation cube") y el sistema de coordenadas en los ajustes. Por defecto, se muestran muy pequeños. Para ello, tienes que ir a la sección "Display". Para realizar los ajustes, ve primero a la pestaña "3D View" y después a la pestaña "Navigation".

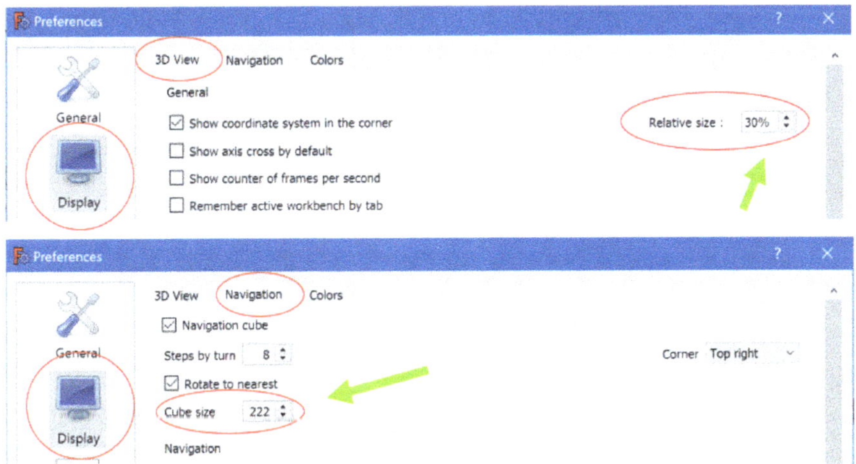

Puedes mover el área de dibujo y también posteriormente el objeto 3D, según el modo preseleccionado. Puedes seleccionarlo en la parte inferior derecha del área de dibujo. Lo mejor es seleccionar el modo "CAD". La navegación se realiza como se muestra. Por cierto, "Pan" significa moverse. "Rotate", "Zoom" y "Select" deben estar claros.

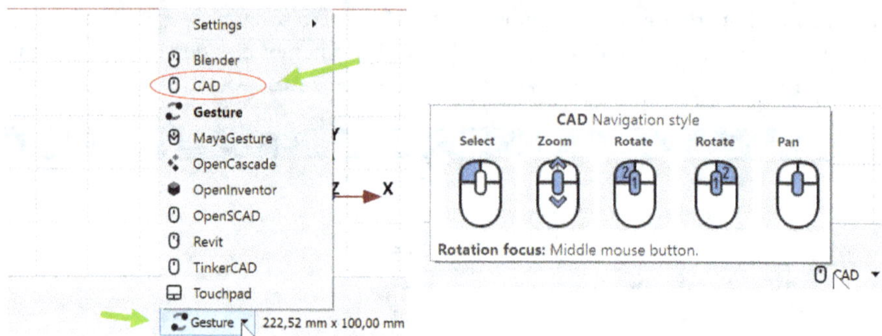

Ahora todos nuestros ajustes deberían ser idénticos y, por tanto, no deberían surgir problemas en el curso posterior. ¡Por fin podemos empezar con los proyectos de construcción!

2 Proyecto nº 1: Muelle helicoidal

Para entrar en calor, crearemos un muelle helicoidal como primer proyecto. Debería tener este aspecto.

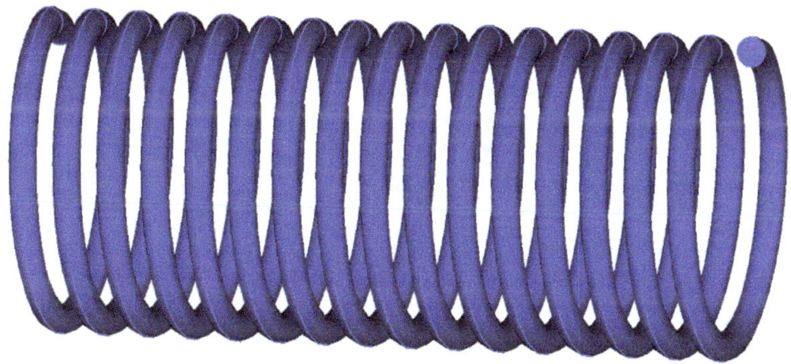

Al principio de cada proyecto nos encontramos en el espacio de trabajo "Part Design". Allí creamos un nuevo documento con el comando "New" y un cuerpo con el comando "Create body".

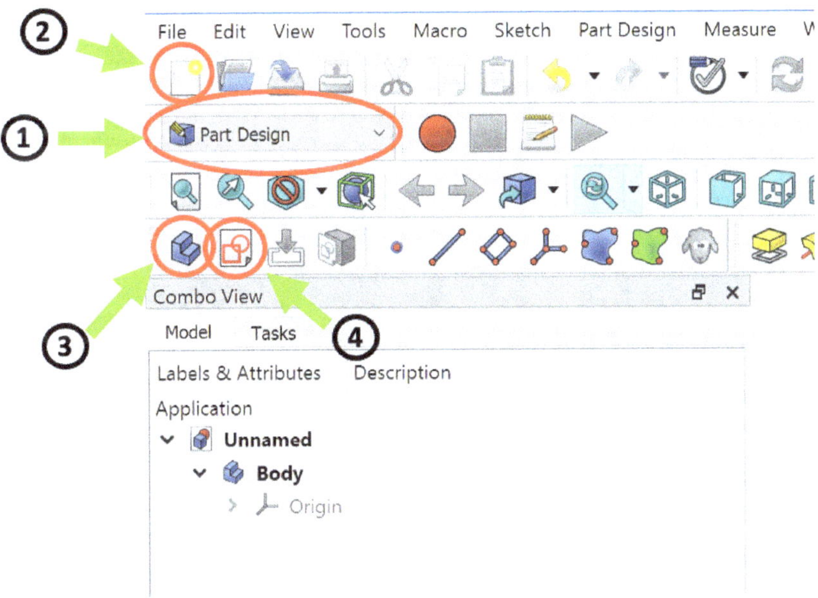

Luego tenemos que crear un boceto 2D. Para el muelle helicoidal creamos un croquis en el plano x-z utilizando el comando "Create Sketch".

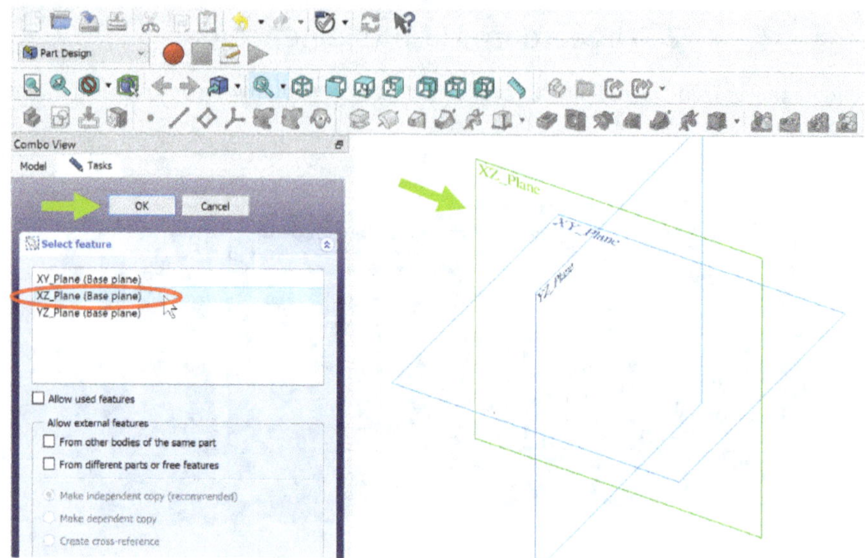

Crearemos el muelle helicoidal utilizando el comando "Additive helix". Este comando extruye un croquis 2D a lo largo de una hélice. Así que ahora tenemos que pensar qué geometría tenemos que dibujar en el croquis 2D para poder extruirla a lo largo de una hélice y obtener así el muelle helicoidal. Con un poco de imaginación podemos ver que un muelle helicoidal consiste en un trozo de alambre enrollado en espiral. Esto significa que necesitamos un círculo como geometría inicial del trozo de alambre.

Este círculo debe situarse en el eje x y tener un diámetro de 2 mm. Esta dimensión determinará posteriormente el grosor del material del muelle helicoidal. Además, el círculo debe estar situado a 10 mm del origen de coordenadas. Esta dimensión determina posteriormente el diámetro (20 mm) del muelle helicoidal.

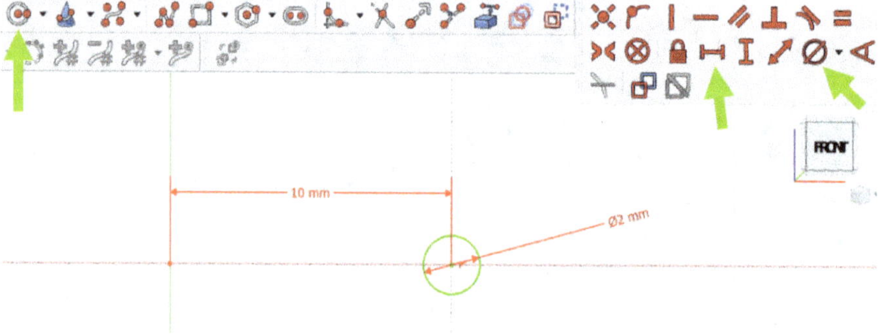

Entonces podemos cerrar el boceto. Tras asegurarnos de que el boceto está seleccionado en el árbol de estructuras, hacemos clic en el comando "Additive helix".

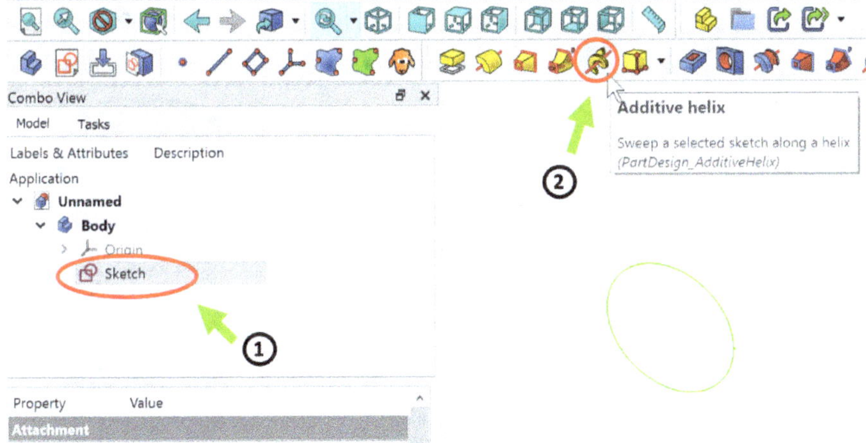

A continuación, el programa extruye el esbozo a lo largo de una hélice y crea así el muelle helicoidal. La opción "Vertical sketch axis" está seleccionada como eje en los ajustes. Aquí sería equivalente seleccionar la opción "Base z axis", ya que el eje z es el eje vertical en este caso. Si seleccionamos uno de los otros ejes, cambiará la orientación del muelle helicoidal.

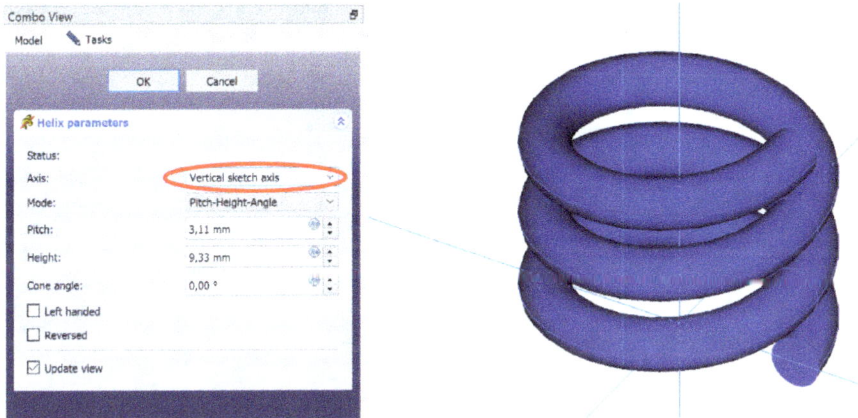

Utilizando tres parámetros, podemos modificar el muelle helicoidal de la forma deseada. Por defecto, está seleccionada la opción "Pitch-Height-Angle". En este caso necesitamos la altura deseada, el paso deseado y, si es necesario, un ángulo si queremos obtener un muelle helicoidal cónico. Por ejemplo, introducimos 3,11 mm para el parámetro "Pitch", 50 mm para el parámetro "Height" y 0° para el parámetro "Cone angle". Haz clic en "OK" para crear el modelo 3D.

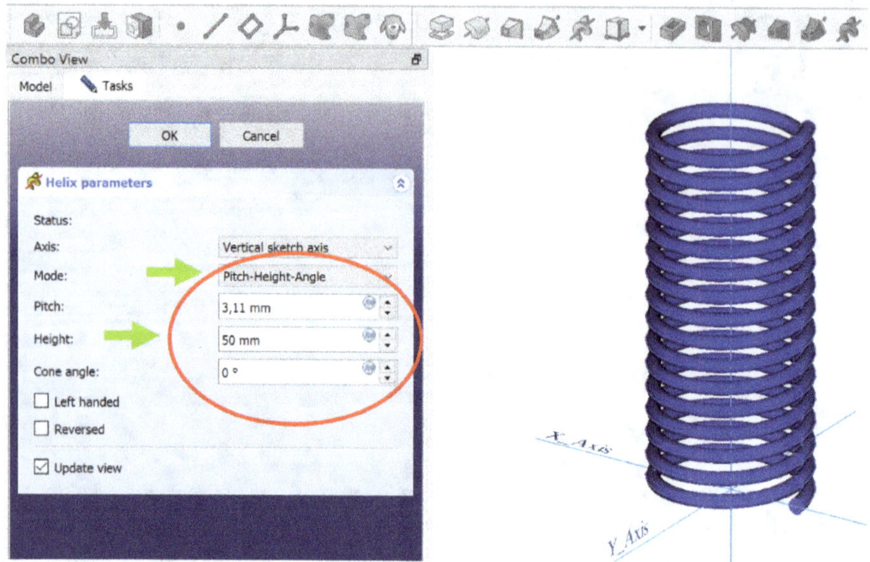

Este proyecto era relativamente fácil y, como ya se ha dicho, pretendía ser un calentamiento. No te preocupes, el nivel de dificultad aumenta con cada proyecto. ¡Todavía te esperan muchos proyectos estupendos y más complejos!

3 Proyecto nº 2: Mosquetón

A continuación, queremos construir un mosquetón que tenga este aspecto.

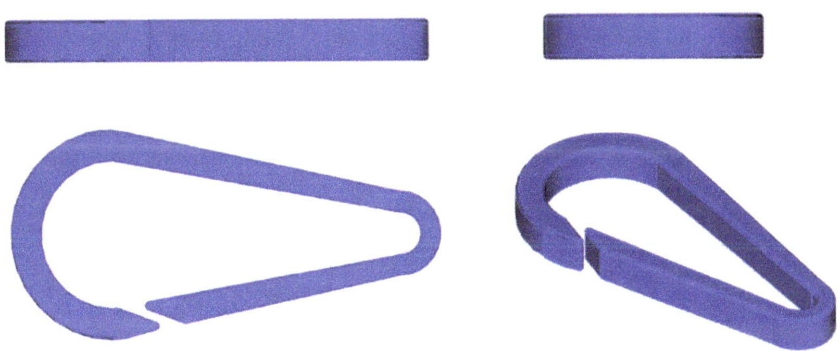

Para el mosquetón creamos un nuevo documento como de costumbre en el espacio de trabajo "Part Design". Primero pensamos en la mejor forma de construir el modelo 3D del mosquetón. Si observamos el mosquetón un poco más de cerca, nos daremos cuenta de que podemos colocar una forma circular en la zona izquierda y derecha respectivamente y que los puntales del mosquetón representan conexiones tangenciales entre estos dos círculos.

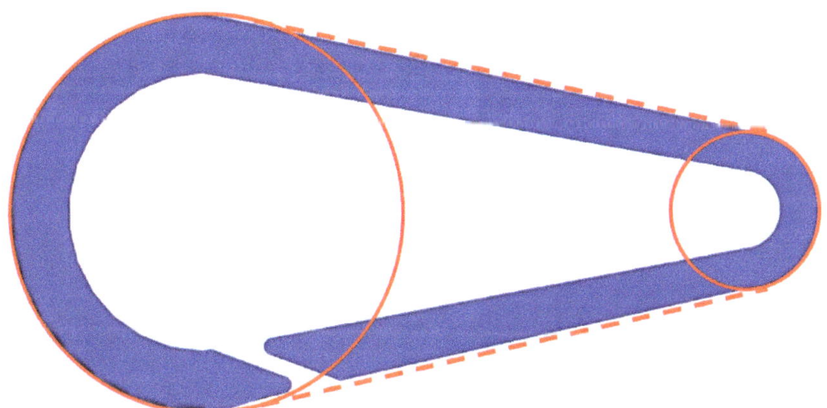

Con ayuda de estas geometrías construiremos el mosquetón. Para ello, primero necesitamos un croquis 2D que creamos en el plano x-y.

En este plano dibujamos primero las dos circunferencias. Los centros de ambos círculos deben estar sobre la línea roja horizontal (eje x). Por ejemplo, elegimos un diámetro de 50 mm para el primer círculo. A continuación, crea otro círculo con un diámetro de 20 mm. El primer círculo debe estar a la izquierda de la línea vertical verde (eje y), el segundo círculo debe estar a la derecha de esta línea. Dimensionamos la distancia entre los dos círculos en 70 mm. Para definir completamente el esquema anterior, ahora necesitamos una referencia al origen a lo largo del eje x. Definimos la posición de nuestro croquis en la dirección x, por ejemplo, acotando 35 mm desde el centro de un círculo hasta el origen.

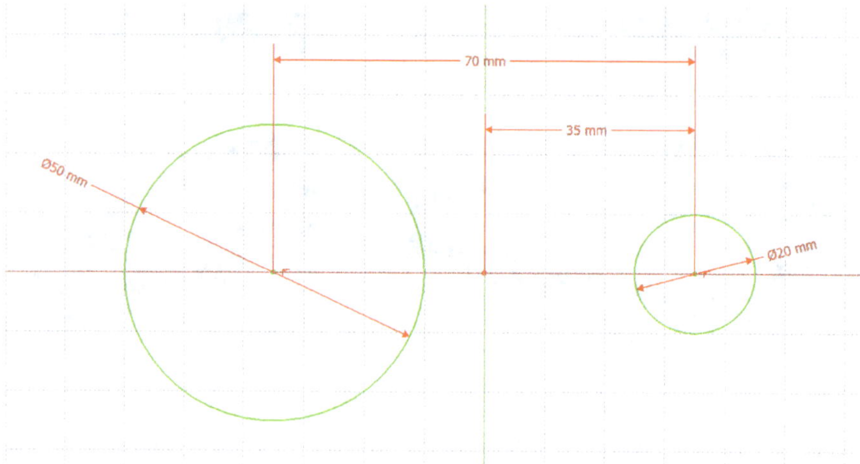

A continuación trazamos dos rectas cuyos puntos extremos deben situarse respectivamente en las dos circunferencias. Necesitamos una línea por encima del eje x y otra por debajo del eje x.

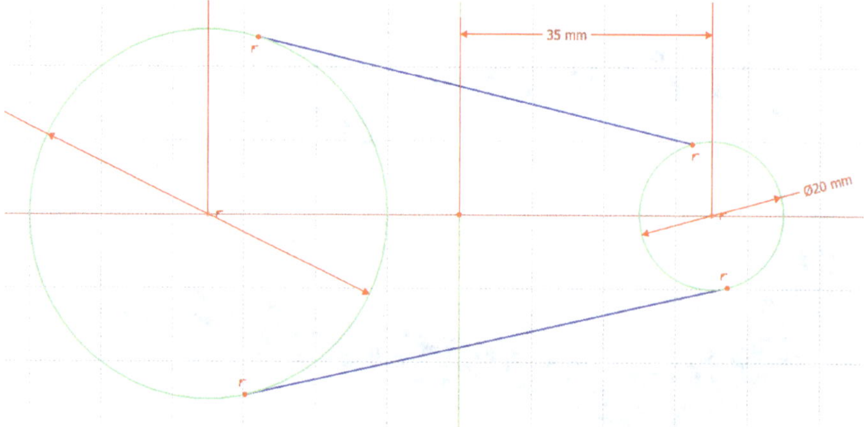

En el siguiente paso creamos restricciones verticales entre los puntos finales de las líneas y los centros de los círculos, de modo que los puntos finales de las líneas queden verticalmente por encima de los centros de los círculos. Para ello, primero seleccionamos dos puntos a la vez y luego utilizamos el comando "Constrain vertically".

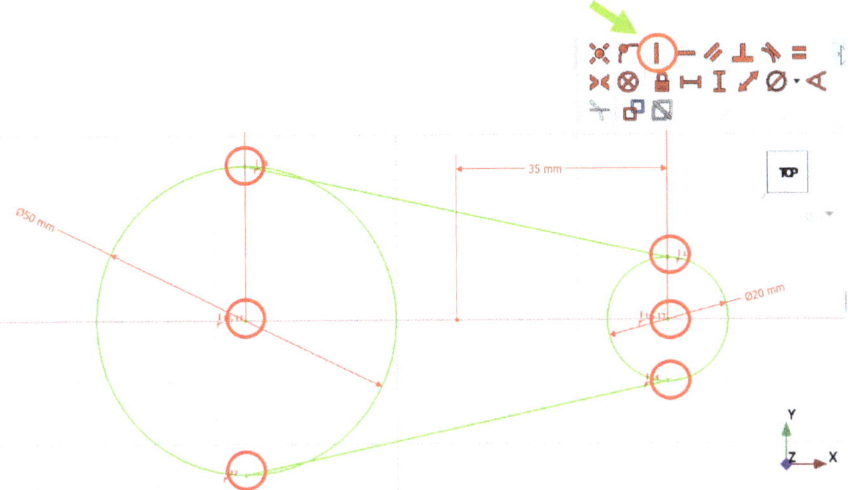

Para la construcción posterior sólo necesitamos el contorno exterior, por lo que a continuación utilizaremos el comando "Trim Edge". Con este comando podemos eliminar fácilmente todos los segmentos de línea superfluos (marcados con flechas). El croquis queda completamente definido porque el programa enlaza automáticamente los puntos de esquina resultantes.

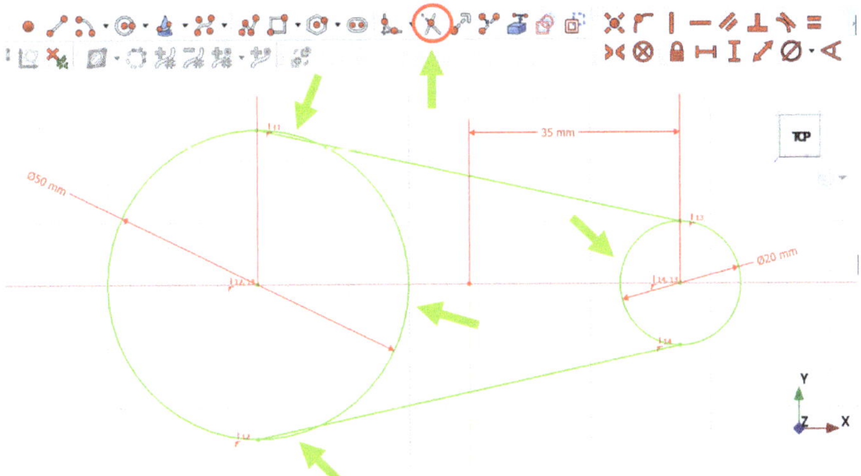

Tras aplicar el comando, obtenemos el contorno exterior del mosquetón.

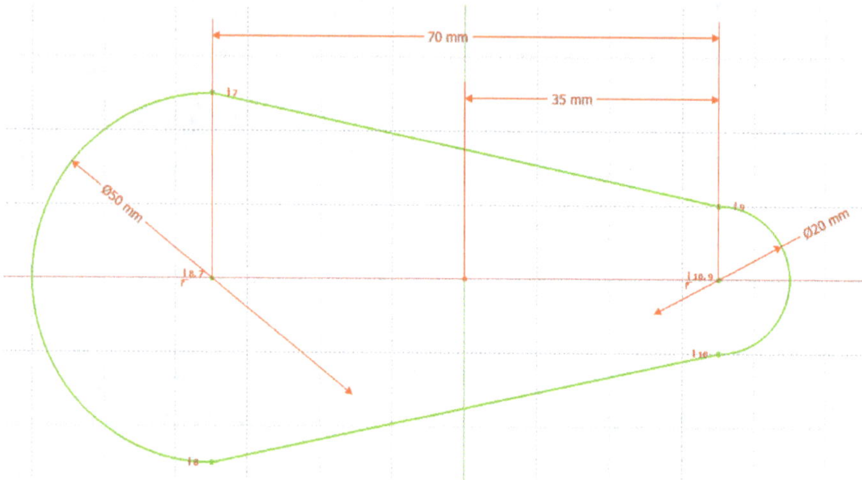

Si ahora extruyéramos ya esta superficie, tendríamos que hacer un recorte adicional en la zona central para obtener el cuerpo básico final del mosquetón. Sin embargo, podemos ahorrarnos este paso dibujando la sección transversal del mosquetón en un solo paso. Para ello, añade dos círculos adicionales en la zona interior del mosquetón y acótalos con 35 mm y con 10 mm.

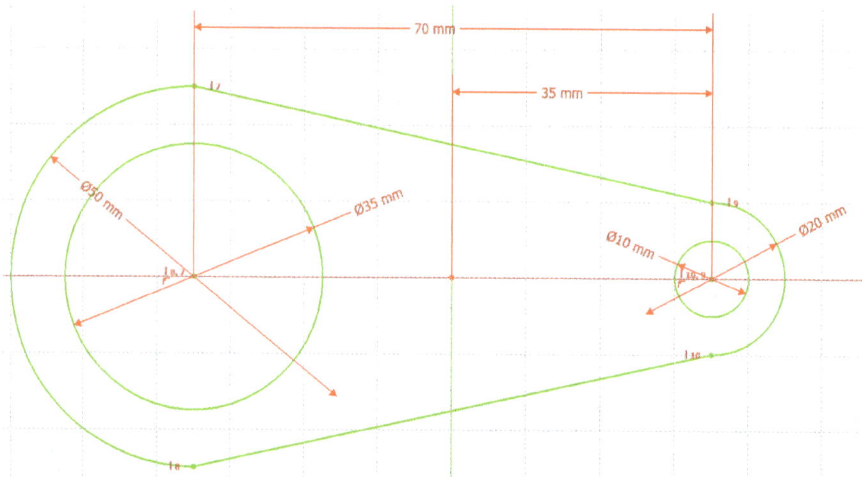

De forma análoga a los pasos anteriores, volvemos a crear dos líneas cuyos puntos extremos se encuentran en los dos círculos. Además, aquí también creamos cuatro restricciones con el comando "Constrain vertical" para que los puntos finales de las líneas coincidan verticalmente con los dos centros del círculo.

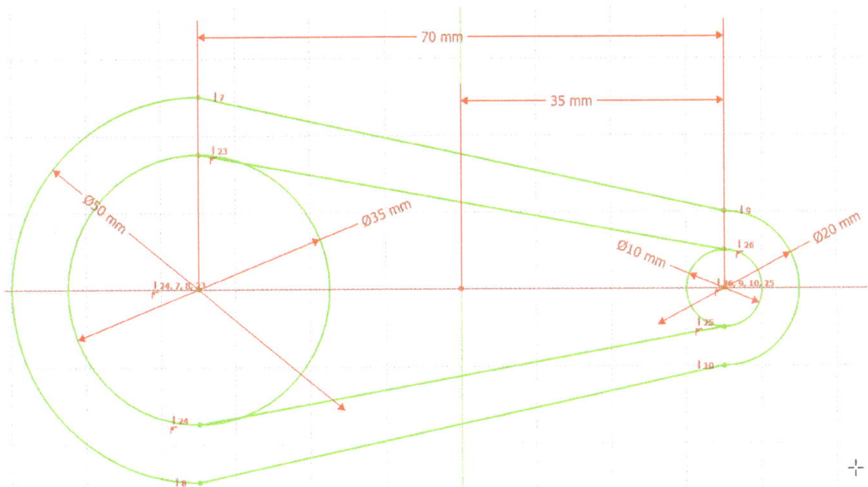

Por último, eliminamos toda la geometría superflua utilizando el comando "Trim edge".

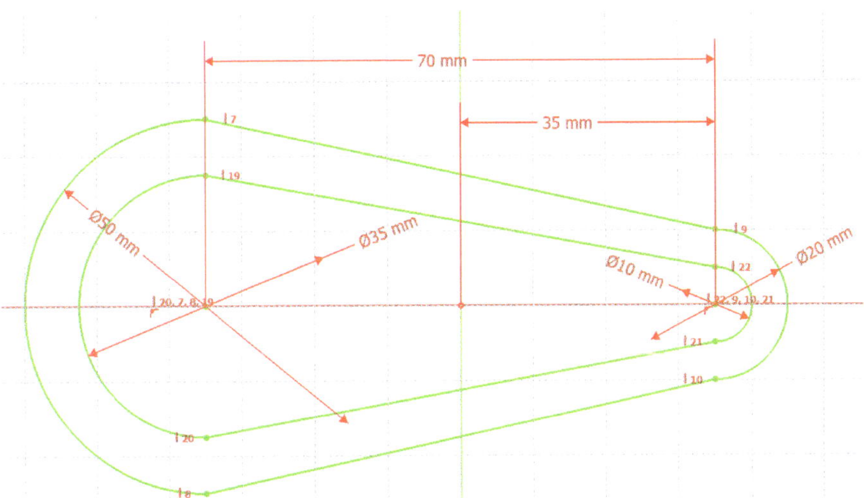

Como puedes ver ahora, esto nos da la geometría transversal casi acabada del mosquetón. Todavía falta una abertura. Para esta apertura trazamos dos líneas paralelas en la zona inferior izquierda del mosquetón. Los puntos extremos de las líneas deben estar en el contorno del mosquetón. Creamos el paralelismo de las líneas con la condición "Constrain parallel".

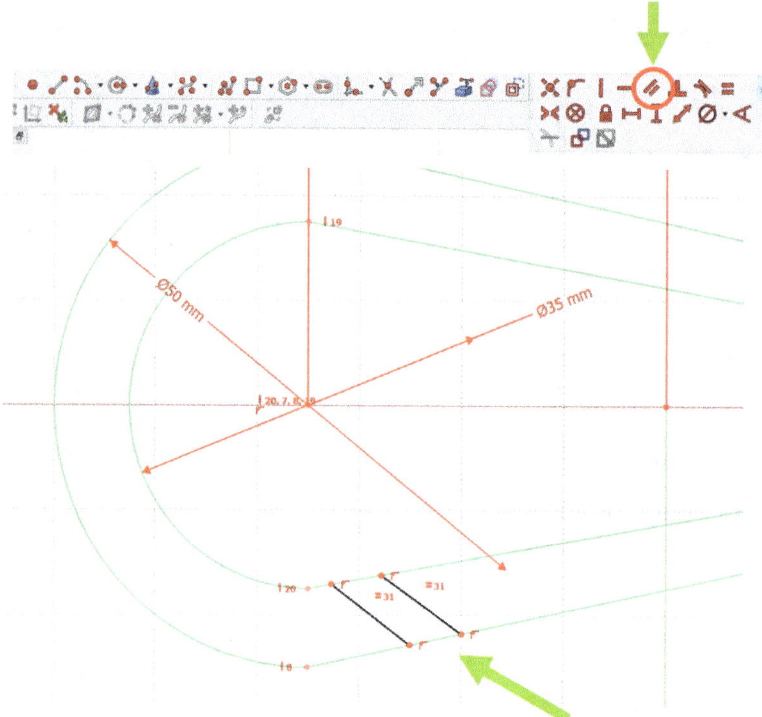

Para seguir definiendo el boceto, añadimos una cota de ángulo, que colocamos entre la línea inferior y el eje x con el comando "Constrain angle". Para ello, primero hacemos clic en la línea, luego en el eje x y después en el comando. Necesitamos un ángulo de 20 grados.

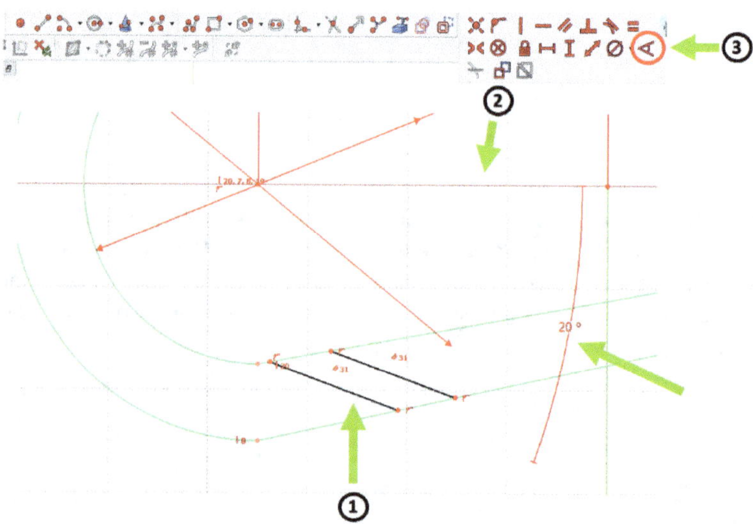

Para definir finalmente el boceto por completo, añadimos dos medidas horizontales de 4 mm (entre las dos líneas paralelas) y 1 mm (entre el punto final y el centro del círculo).

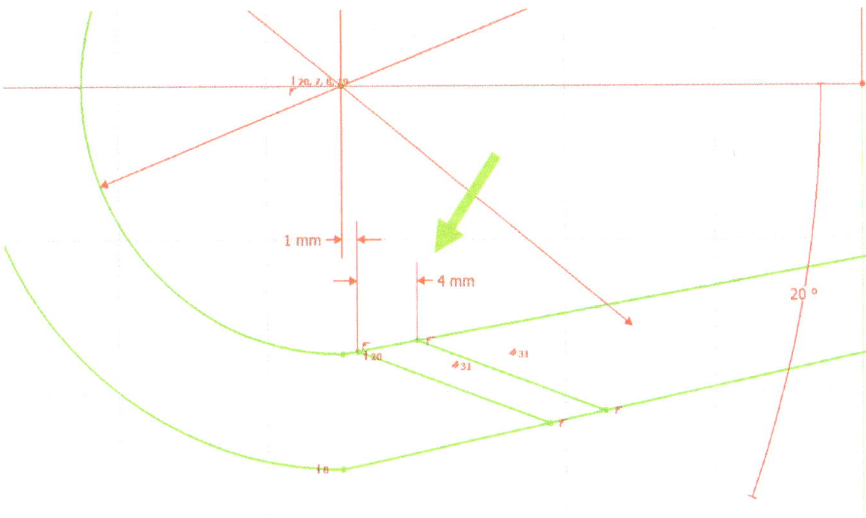

Como queremos construir una abertura, también tenemos que eliminar dos segmentos de línea superfluos. Volvemos a hacerlo con el comando "Trim edge".

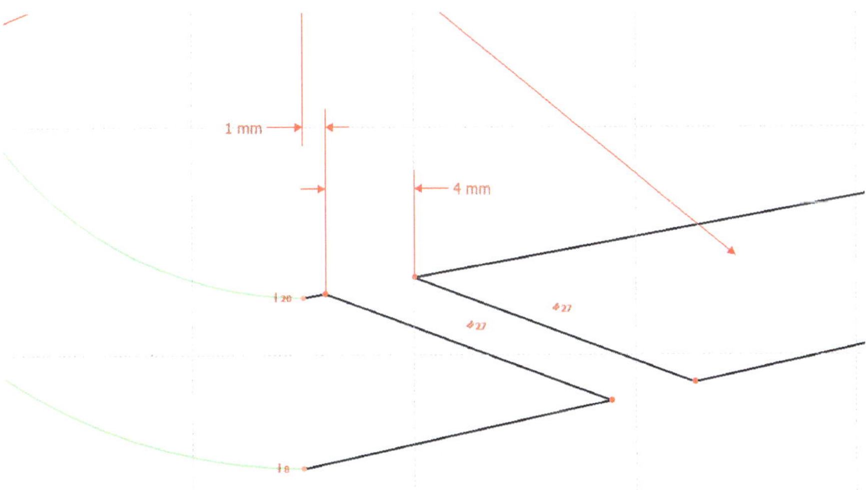

Como desgraciadamente el esbozo ya no está completamente definido por esta acción (algunas líneas se volvieron negras), tenemos que añadir unas cuantas cotas para que el esbozo vuelva a ser completamente verde. Lo hacemos con ayuda del comando "Constrain Distance" y un clic en las líneas respectivas (ver flechas). Dejamos las dimensiones en los valores indicados.

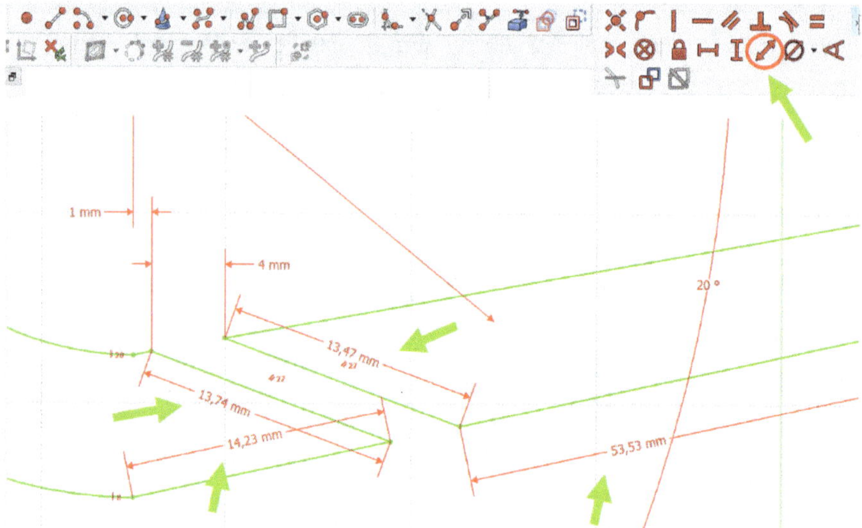

Para convertir la superficie 2D en un cuerpo 3D, cambiamos con el botón "Close" del espacio de trabajo "Sketcher" al espacio de trabajo "Part Design" y utilizamos allí la función "Pad". Introducimos un valor de 10 mm.

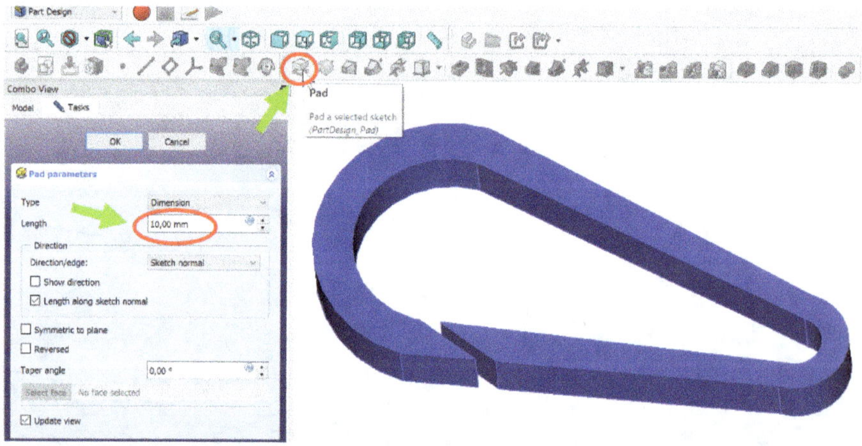

Puedes extruir en una sola dirección, simétricamente o de forma independiente en dos direcciones. Lo seleccionas en el ajuste "Type" de la vista combinada. Si quieres tener una forma cónica, puedes especificar un ángulo en el ajuste "Taper Angle". Sin embargo, aquí no lo necesitamos. Con un clic en "OK" creamos el cuerpo 3D.

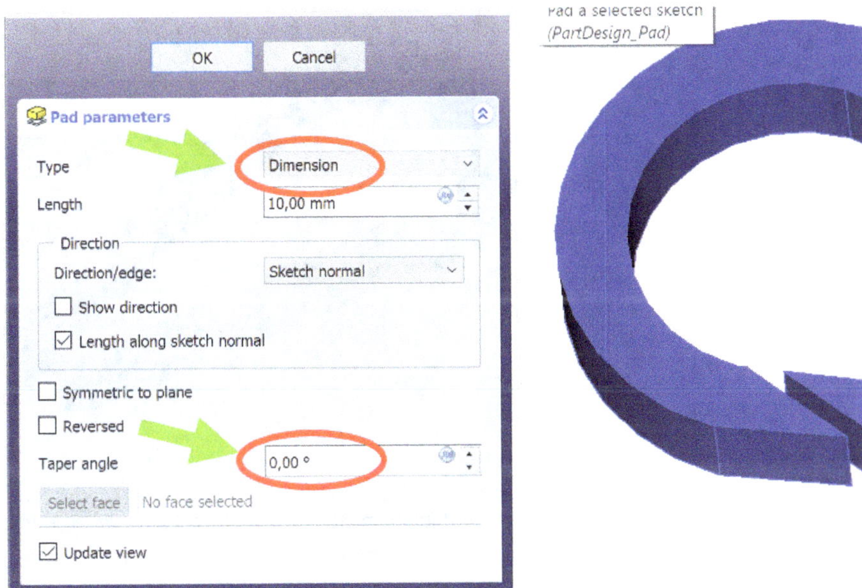

Por último, redondeamos algunos bordes utilizando el comando "Fillet". Por ejemplo, utilizamos un radio de 20 mm para el borde superior trasero.

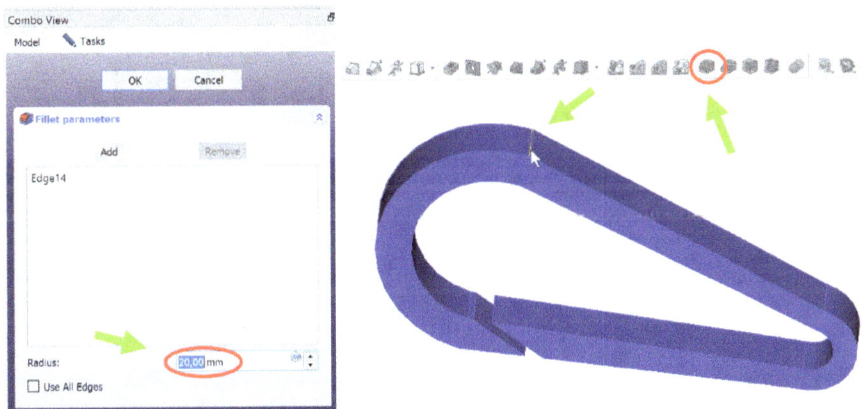

También redondeamos los bordes restantes con 1 mm cada uno. Para ello, simplemente seleccionamos la superficie superior del mosquetón, hacemos clic en el comando "Fillet" y luego activamos la opción "Use all Edges" en los ajustes para redondear todas las aristas.

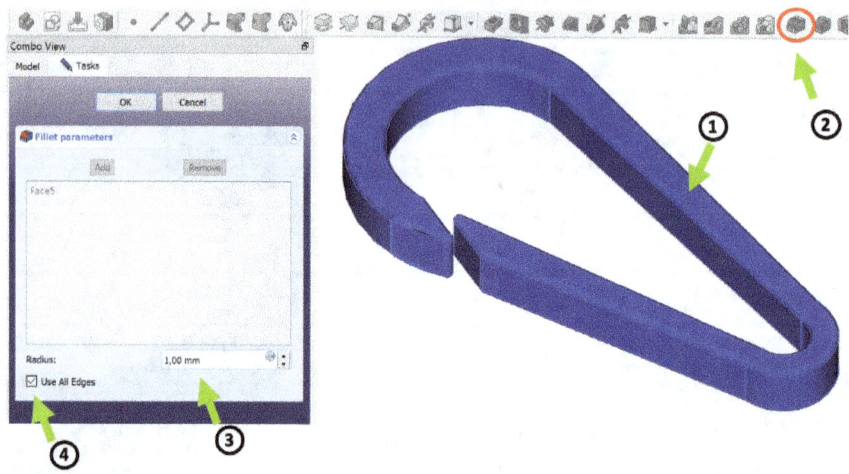

¡Impecable! Guarda el archivo antes de continuar con el siguiente proyecto de construcción: una rueda dentada.

4 Proyecto nº 3: Rueda dentada

El siguiente proyecto que nos gustaría construir es una rueda dentada, que podría formar parte de una máquina más compleja, por ejemplo.

Primero creamos el cuerpo básico de la rueda dentada, incluido el recorte en el centro que sirve para sujetar un eje. Creamos los recortes para los dientes del engranaje más tarde, porque -como veremos- es la forma más eficaz de trabajar. Para el cuerpo básico hacemos un croquis en un nuevo documento "Part Design" en el plano x-y. Primero necesitamos un círculo de 50 mm de diámetro, cuyo centro debe estar en el origen de coordenadas.

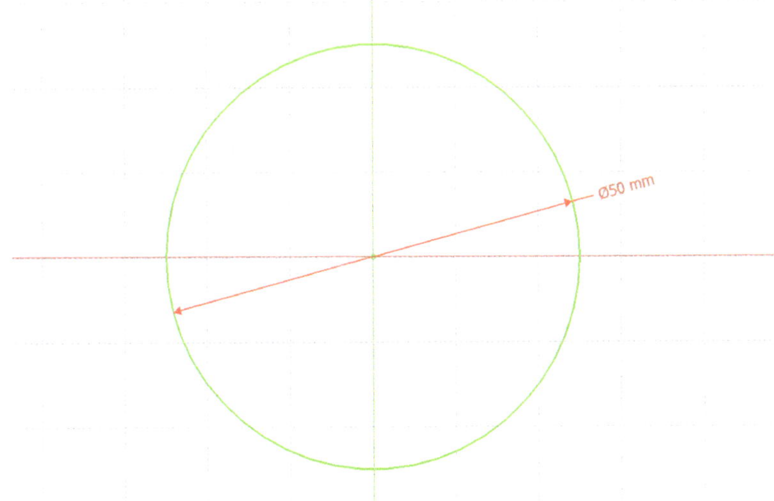

Este círculo forma el contorno exterior de la rueda dentada.

Para la segunda parte de la rueda dentada (orificio o recorte), con la que posteriormente se puede accionar la rueda dentada con ayuda de un eje que incluya una nariz de accionamiento, necesitamos primero un círculo de 10 mm de diámetro, cuyo centro también debe estar en el origen de coordenadas.

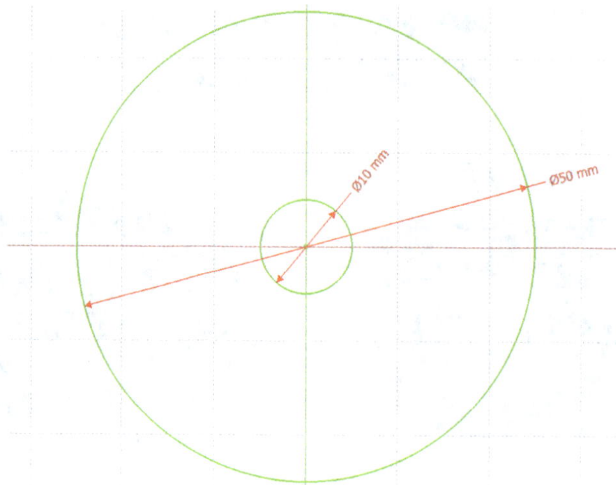

A continuación, creamos el recorte rectangular para la nariz de arrastre del eje con la ayuda de una línea vertical de 3 mm de longitud, cuyo punto de partida debe estar en el círculo, así como una línea horizontal de 4 mm de longitud y otra línea vertical, que completan el perfil rectangular. También añadimos una cota de 2 mm desde una de las dos líneas laterales hasta el origen.

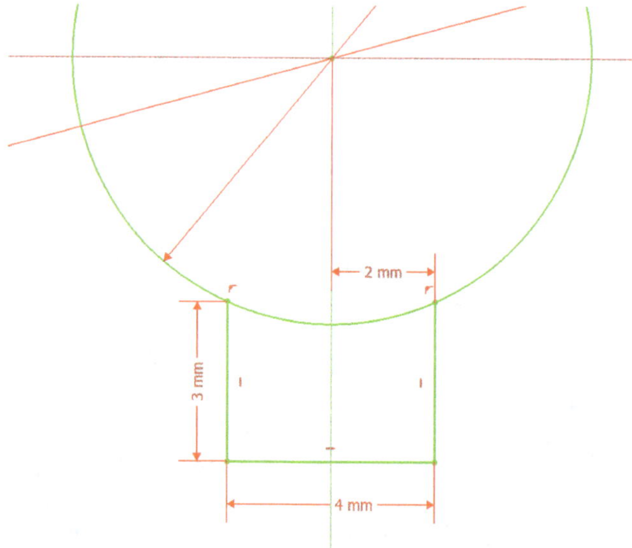

Después eliminamos el segmento de círculo superfluo con el comando "Trim edge" para que se cree una superficie continua.

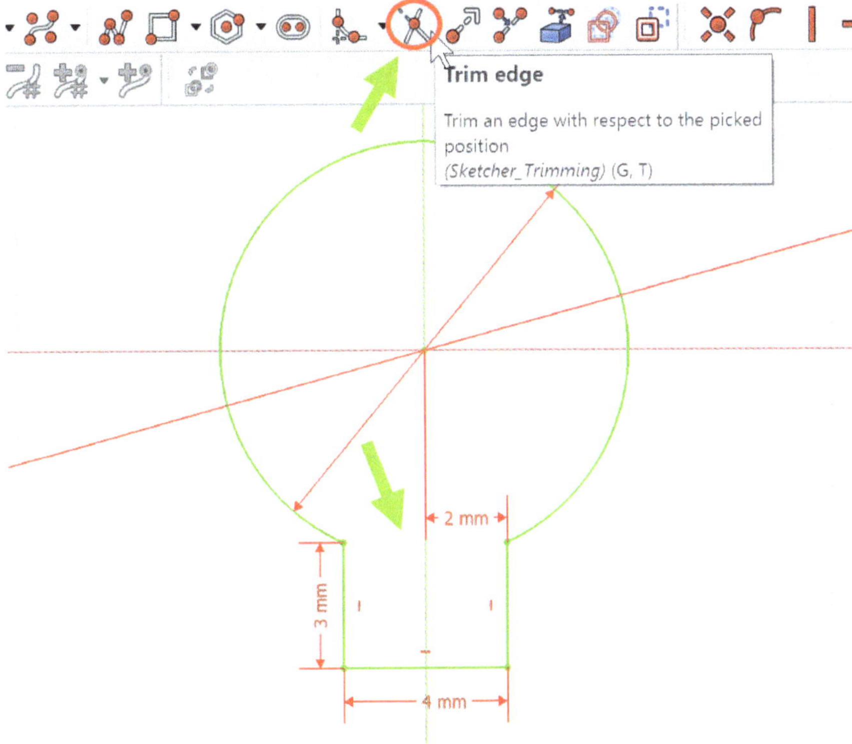

Ahora el cuerpo básico completo de la rueda dentada está listo y puede extruirse con ayuda de la función "Pad". Por supuesto, antes debemos cerrar el boceto con el botón "Close".

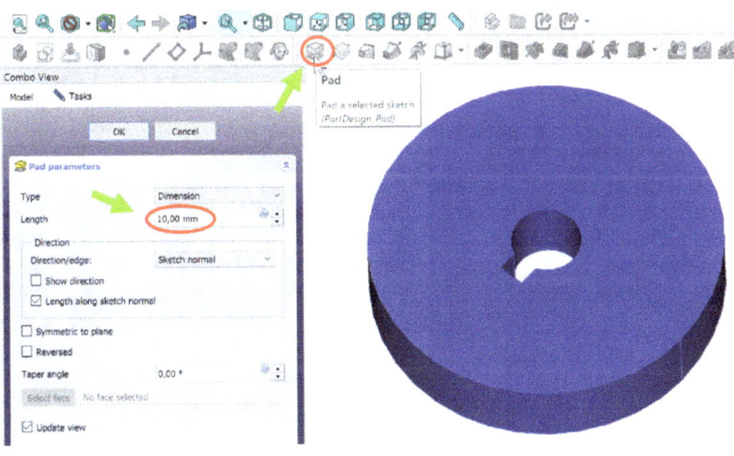

Ahora recortaremos los dientes de la rueda dentada de este cuerpo básico. Para ello, esbozamos el primer diente en un nuevo esbozo en la superficie superior del cuerpo 3D que acabamos de crear. Más adelante duplicaremos fácilmente este diente utilizando el comando "Polar Pattern" para no tener que dibujar todos los dientes individualmente.

Después de crear un boceto, ocultamos el cuerpo básico del engranaje para tener una mejor visión al dibujar. Para ello, pasa a la pestaña "Model" de la vista combinada, selecciona el cuerpo ("Body") y pulsa la barra espaciadora. Ahora se ha ocultado el cadáver.

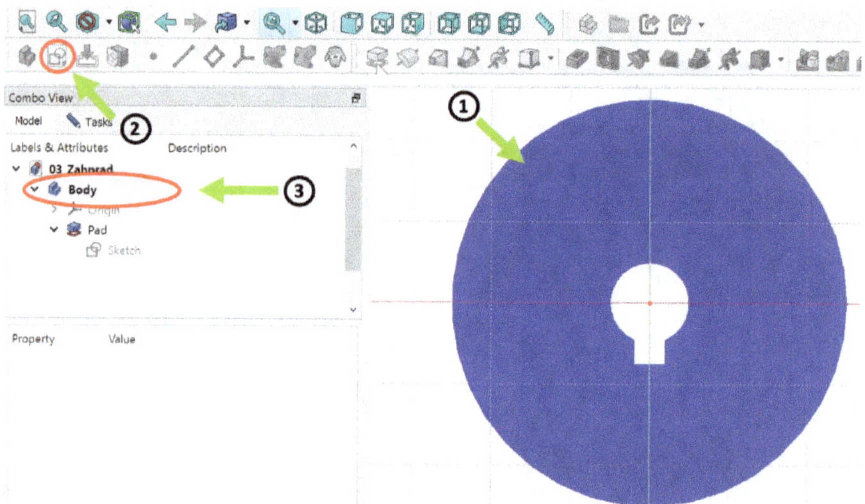

Para el contorno de la rueda dentada, volvemos a dibujar en este croquis un círculo de 50 mm de diámetro.

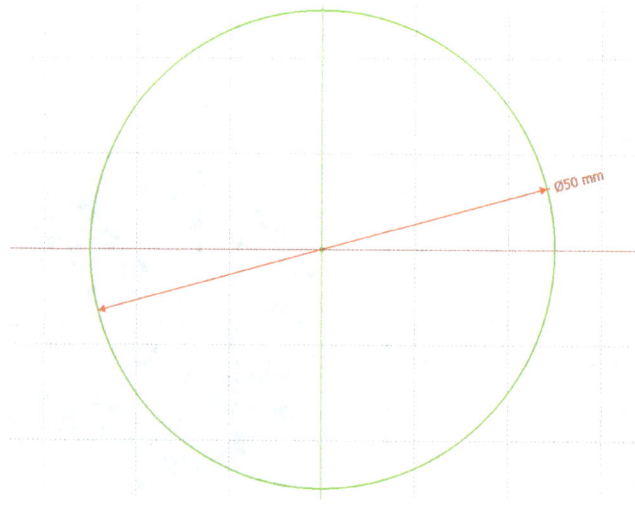

A continuación, dibujamos primero sólo una mitad del diente, que luego simplemente reflejamos en el eje y. Para ello necesitamos una línea horizontal de 1 mm que se sitúe sobre el eje y (línea vertical verde).

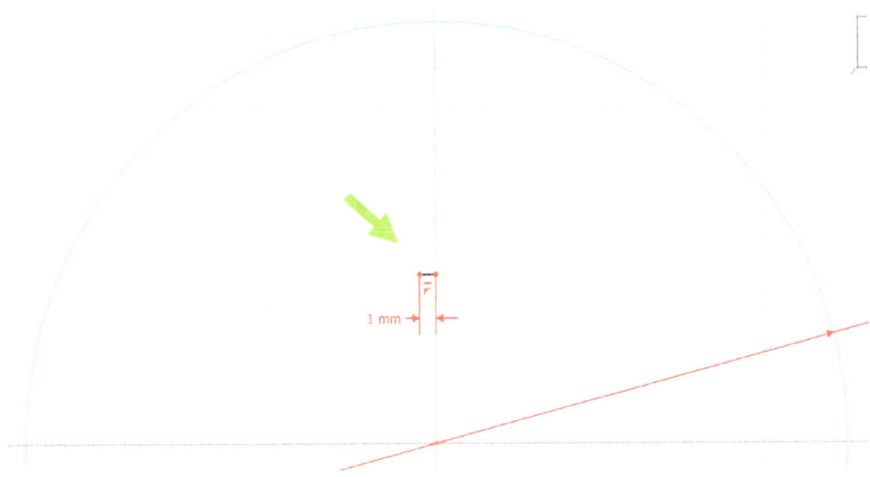

Luego sigue una segunda línea, que estiramos hacia la parte superior izquierda.

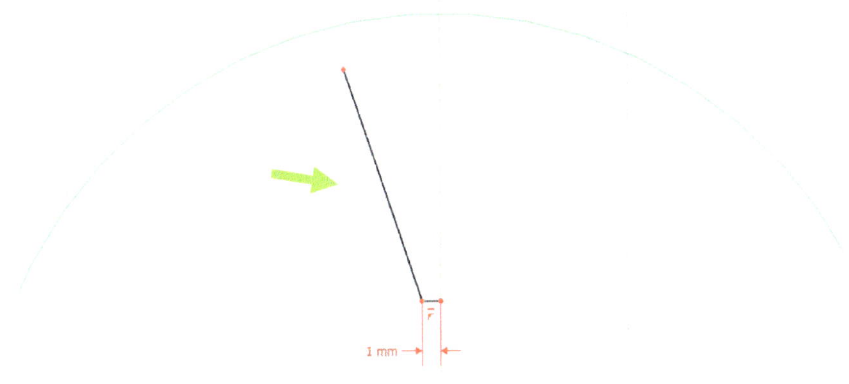

A continuación, en la zona superior añadimos un arco de 3 puntos ("End points and rim point"), cuyos puntos inicial y final deben situarse, por un lado, en el círculo y, por otro, en el punto final de la línea creada anteriormente. Es mejor empezar el arco en el círculo.

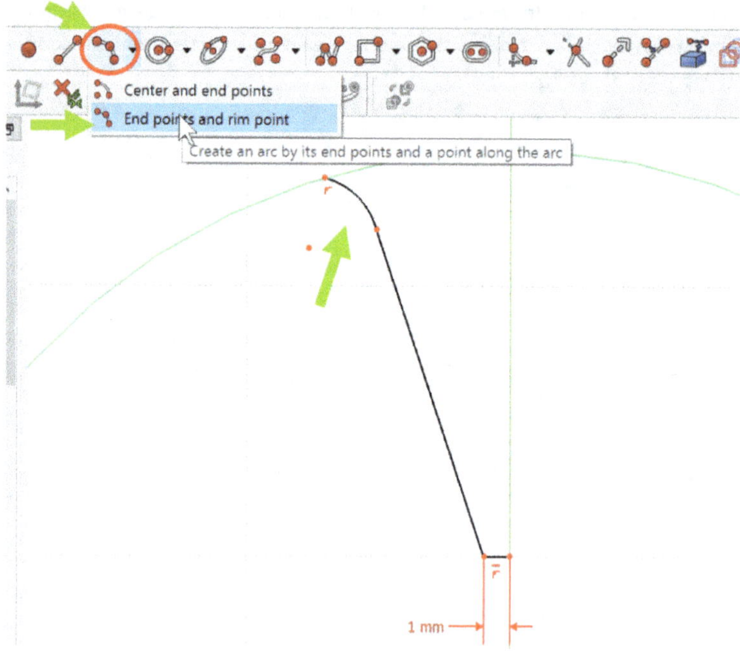

Asegúrate de que se crean las restricciones correctas. Necesitamos un enlace tangencial entre el arco de 3 puntos y el círculo y entre el arco de 3 puntos y la recta. Añade estas restricciones utilizando el comando "Constrain tangent" si faltan o si hay otras en su lugar. Puedes reconocerlo por los pequeños símbolos rojos. Si aparece un mensaje indicando que estás sustituyendo restricciones, puedes simplemente ignorarlo y hacer clic.

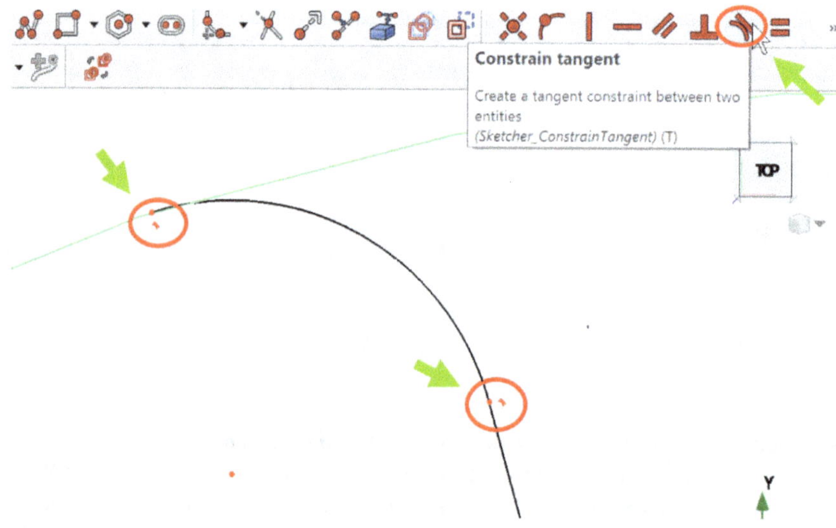

A continuación, acotamos la distancia entre el punto de esquina del arco tangente y el punto inicial de la primera línea con 3 mm (dirección vertical; "Constrain vertically").

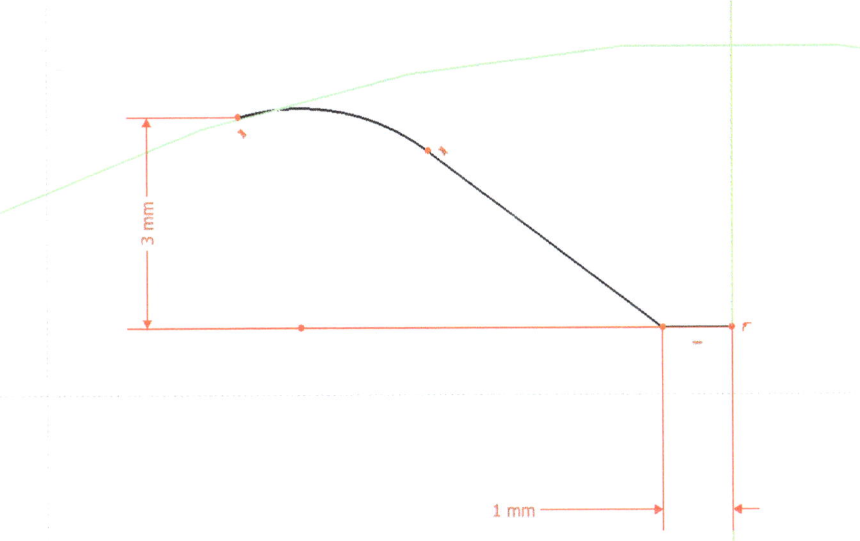

A continuación, acotamos la distancia entre el punto inicial de la primera línea trazada y el punto de esquina del arco de 3 puntos con 2 mm (dirección horizontal; "Constrain horizontally").

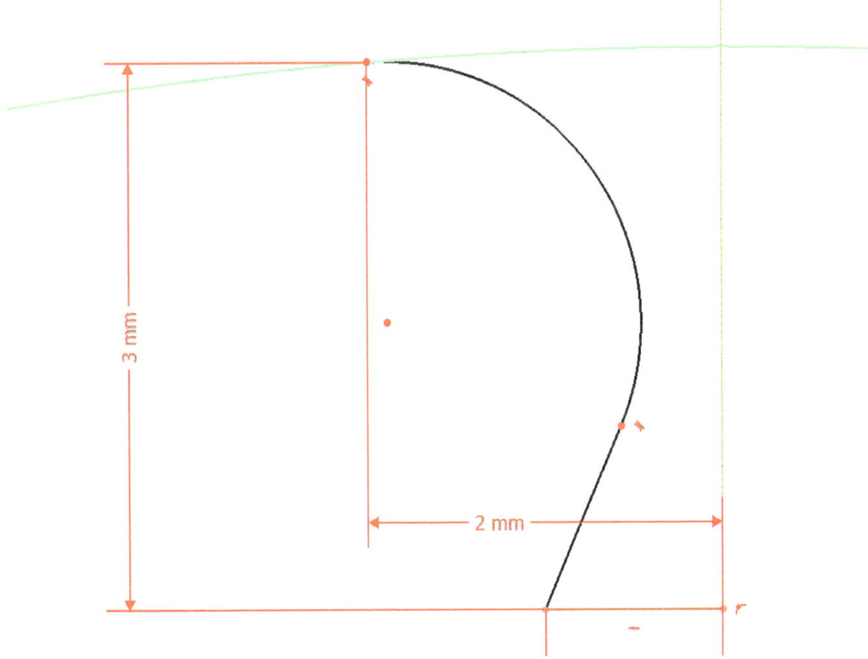

Por último, definimos el radio del arco de 3 puntos como 0,5 mm mediante el comando "Constrain radius".

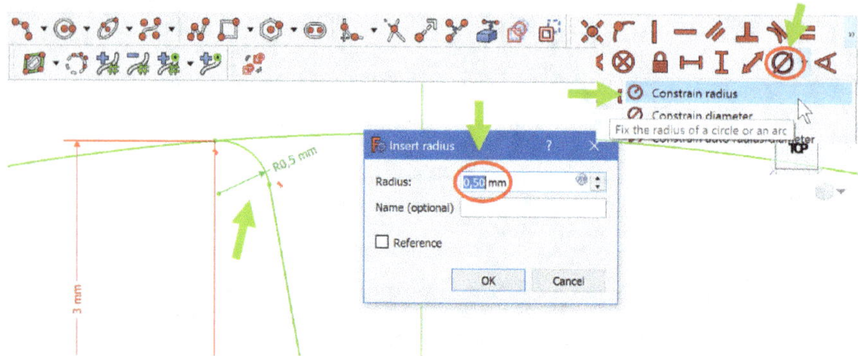

Ahora se puede reflejar el perfil. Antes, sin embargo, redondeamos la esquina inferior izquierda del perfil utilizando la función "Sketch fillet" e introduciendo un radio de 0,5 mm.

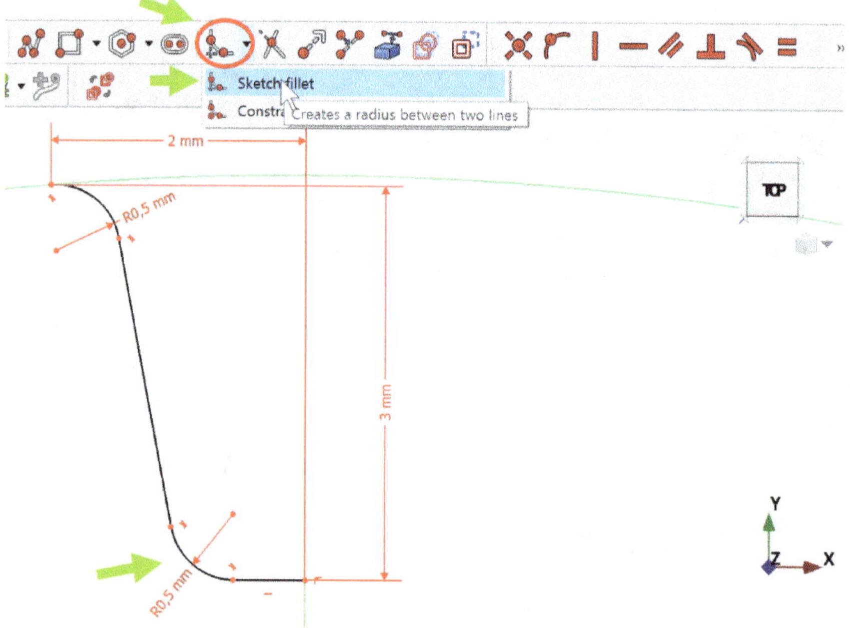

Para una definición completa del croquis podemos acotar la línea horizontal inferior con el comando "Constrain distance". El valor de la cota en este caso debe ser 0,56 mm.

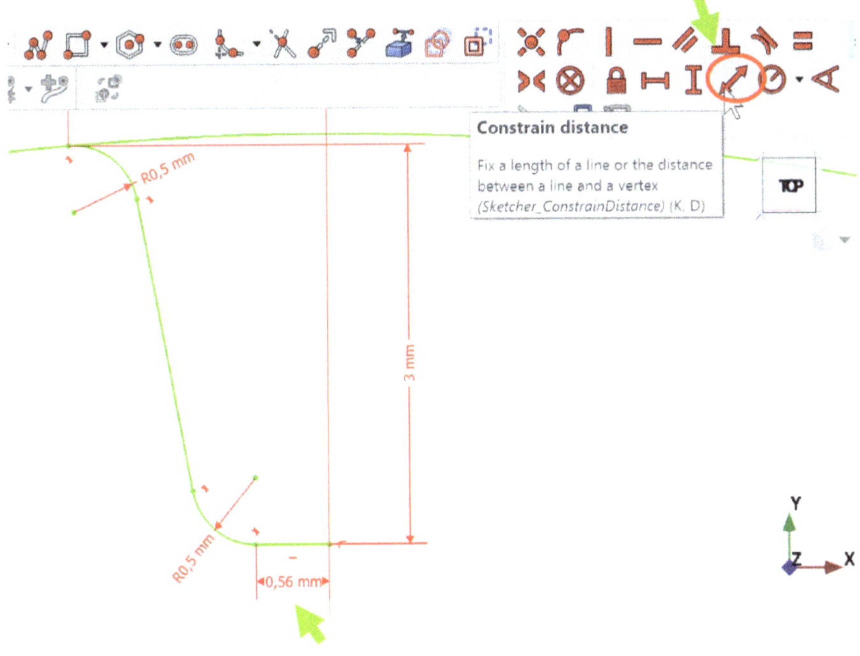

Ahora queremos reflejar este perfil al otro lado del eje y para obtener la geometría del primer diente del engranaje. Para ello, hacemos clic en los elementos que queremos reflejar, uno tras otro, y por último en el eje y que va a servir de referencia para el reflejo. Después seleccionamos el comando "Symmetry" de la barra de herramientas.

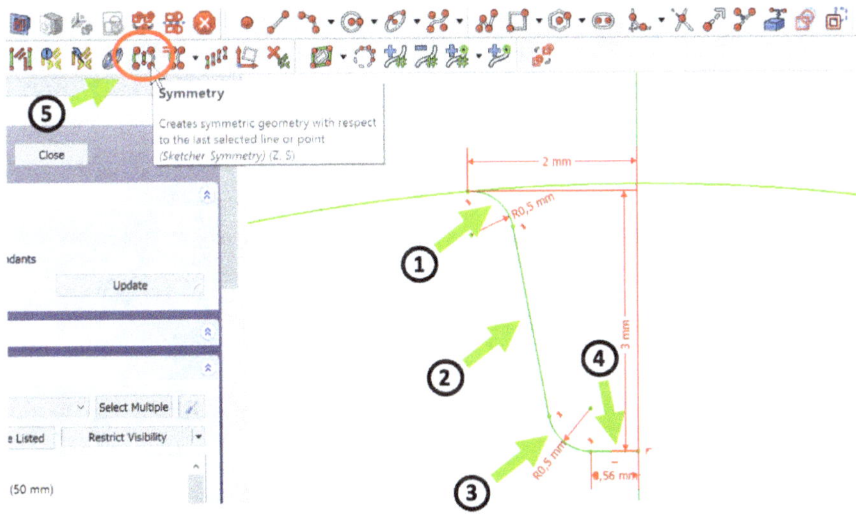

Esto nos da la segunda mitad del perfil.

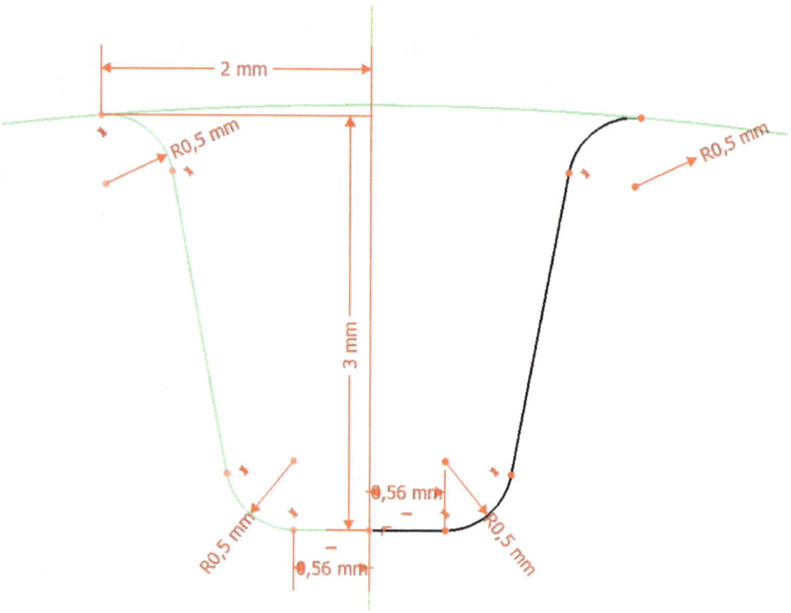

Si arrastramos la geometría con el botón derecho del ratón pulsado, observamos que aún podemos moverla libremente. También podemos verlo por el color negro de la geometría. Para definirlo completamente, tenemos que añadir las restricciones y dimensiones pertinentes. Pruébalo por tu cuenta. Si te quedas atascado, puedes seguir las instrucciones de la primera mitad (unas páginas más atrás), ya que las limitaciones y dimensiones son idénticas para ambas mitades.

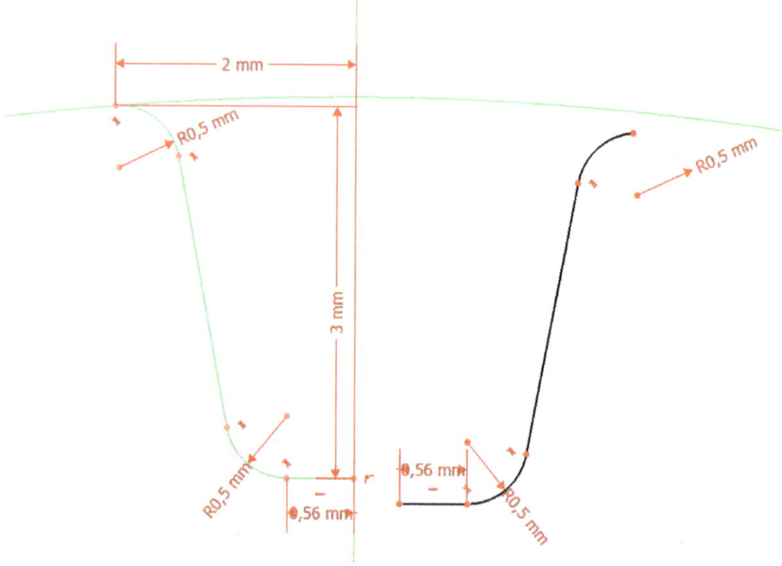

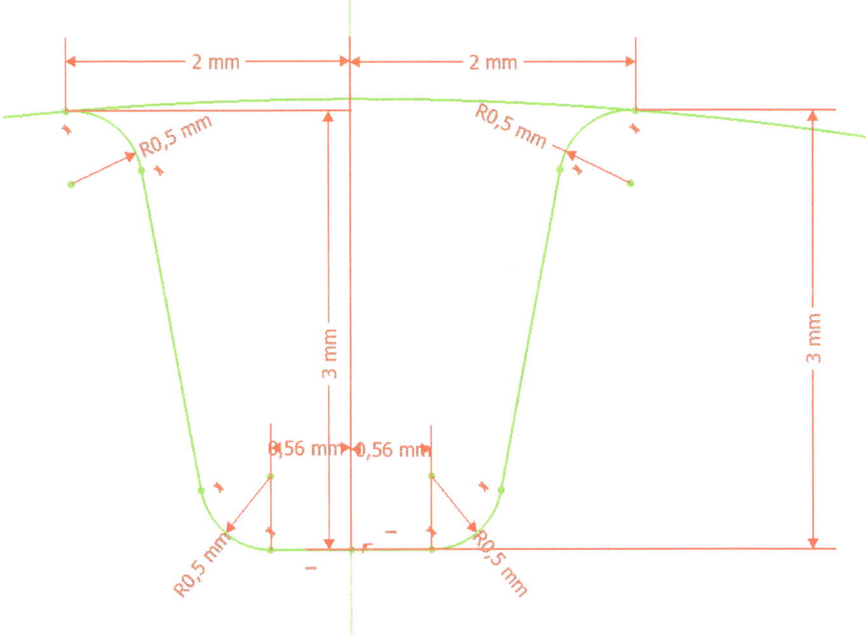

El perfil del primer diente está listo. Pero antes de cerrar el boceto, eliminamos el contorno exterior del círculo de 50 mm utilizando la función "Trim edge".

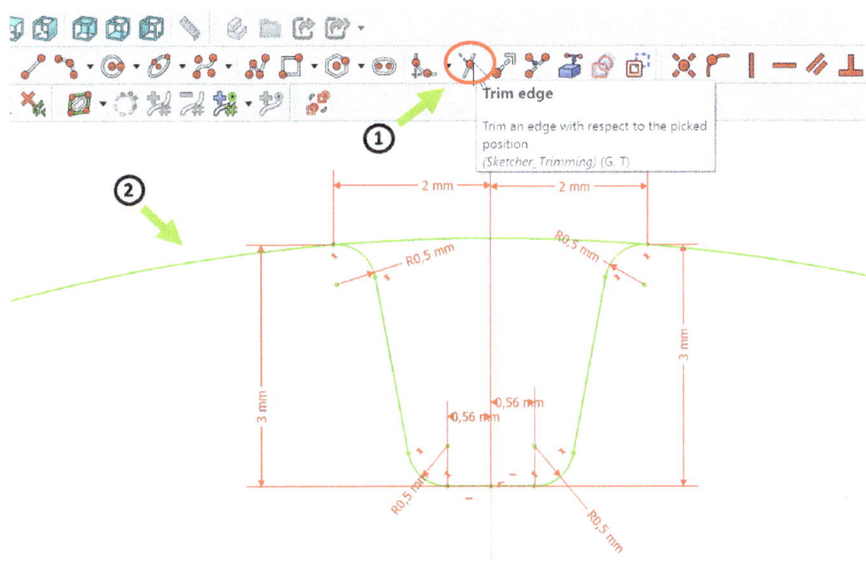

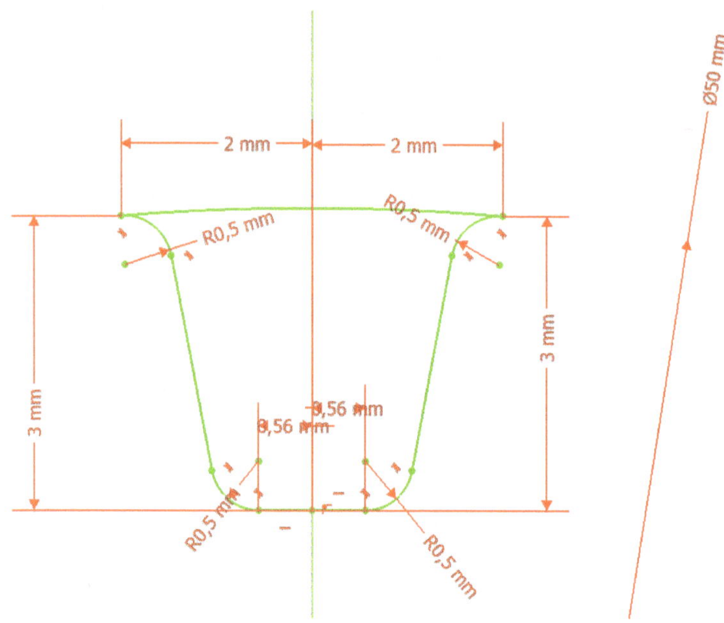

Después de cerrar el boceto, podemos recortar el primer diente utilizando la función "Pocket". En el ajuste "Type" utiliza la opción "Through all" para hacer un recorte completo.

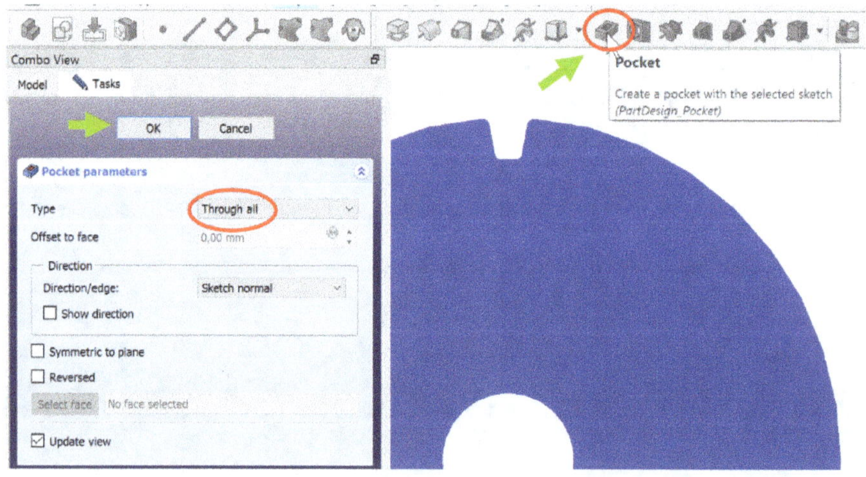

Para no tener que crear todos los demás dientes de esta forma, utilizamos la función "Polar Pattern" que aparece a continuación, que nos permite crear un patrón circular. Esto significa que podemos utilizarlo para copiar la sección del primer diente en una disposición circular, alrededor del punto central.

Para ello, seleccionamos la sección que acabamos de crear ("Pocket") en la estructura árbol y, a continuación, hacemos clic en el comando "Polar Pattern" de la barra de herramientas.

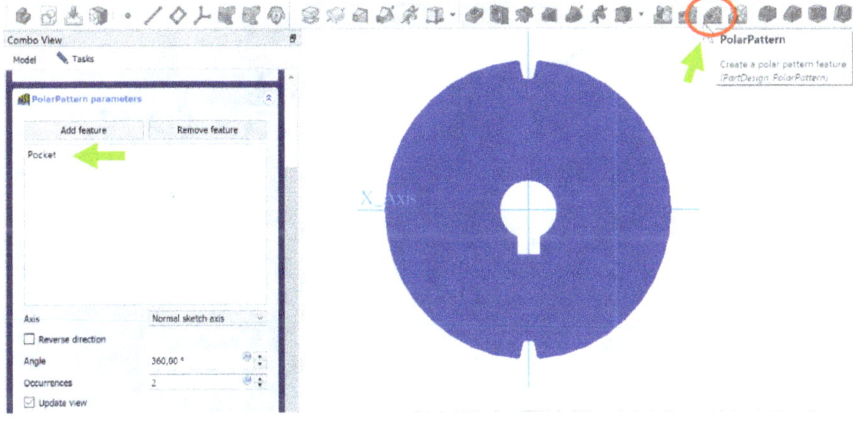

En la sección inferior de la configuración del comando podemos introducir ahora el número de copias deseado. Por ejemplo, necesitamos 25 piezas. Esto nos da una vista previa de todos los dientes de la rueda dentada y con un clic en "OK" podemos crearlos.

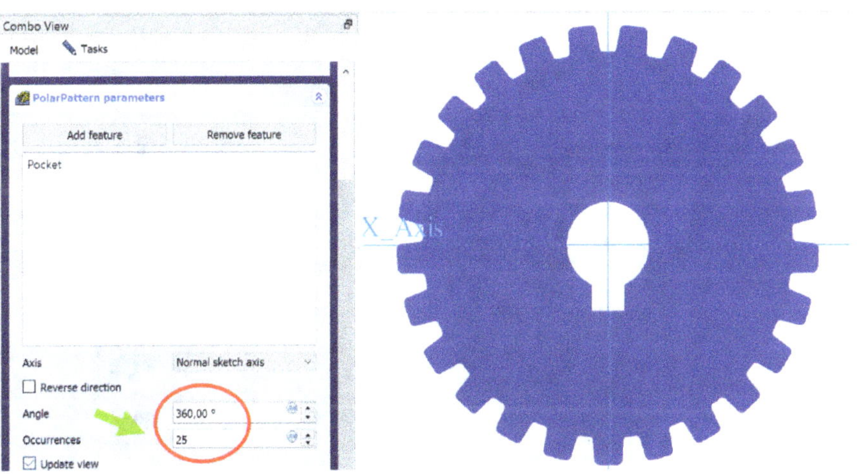

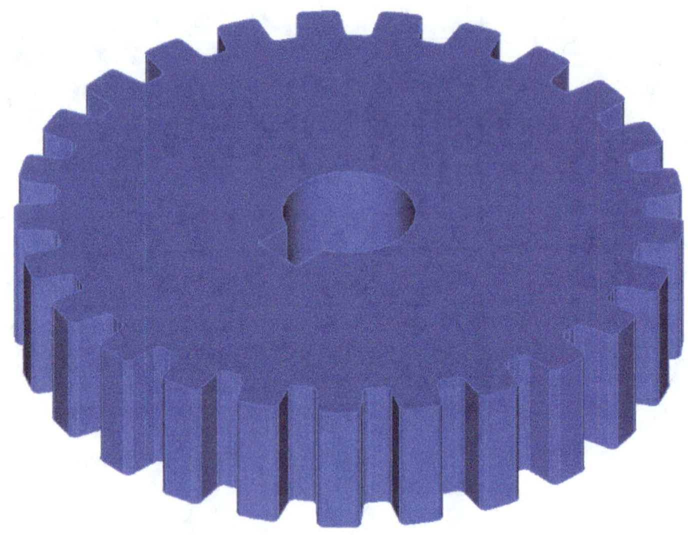

¡Lo hemos conseguido! Tras un breve descanso, ¡a por el siguiente proyecto! Crearemos un florero artístico. La próxima sección también incluirá algunos objetos más cotidianos, como un mando a distancia y una regadera.

5 Proyecto nº 4: Florero

¡Bienvenido de nuevo! En este proyecto diseñaremos un florero chic que construiremos como una pieza de rotación sencilla.

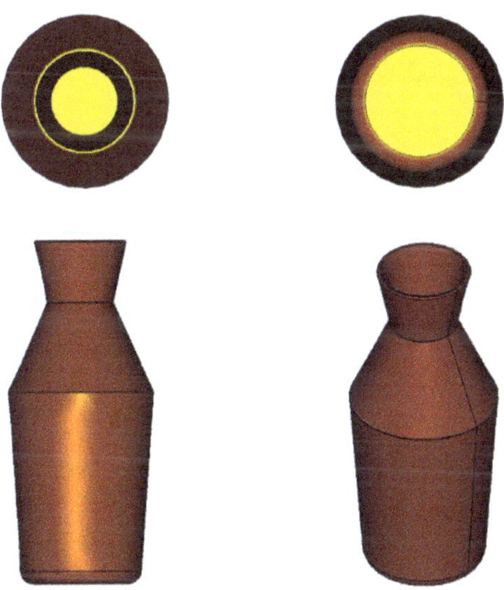

Después de haber creado un nuevo documento "Part Design" y un cuerpo, iniciamos un croquis, por ejemplo en el plano x-z y dibujamos -como con todas las piezas giratorias- la mitad de la sección transversal del cuerpo 3D.

Comenzamos el boceto con una línea vertical de 250 mm de longitud. Fijamos el punto inicial de la línea en el origen de coordenadas y acotamos la línea utilizando la restricción "Constrain verticale distance" o "Constrain distance".

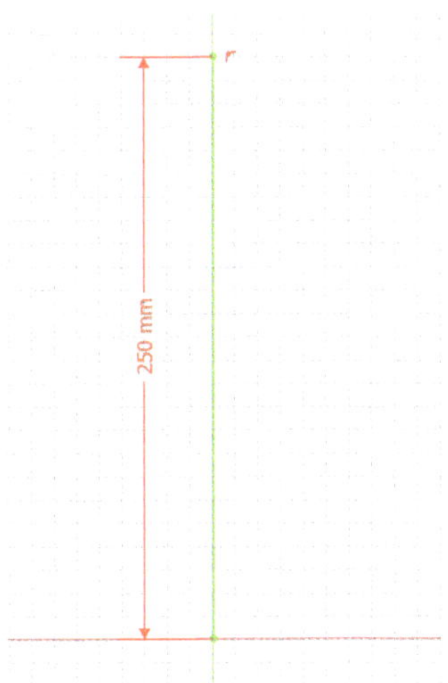

A continuación, trazamos una línea límite horizontal superior y otra inferior con una dimensión de 35 mm para la línea superior y 45 mm para la inferior.

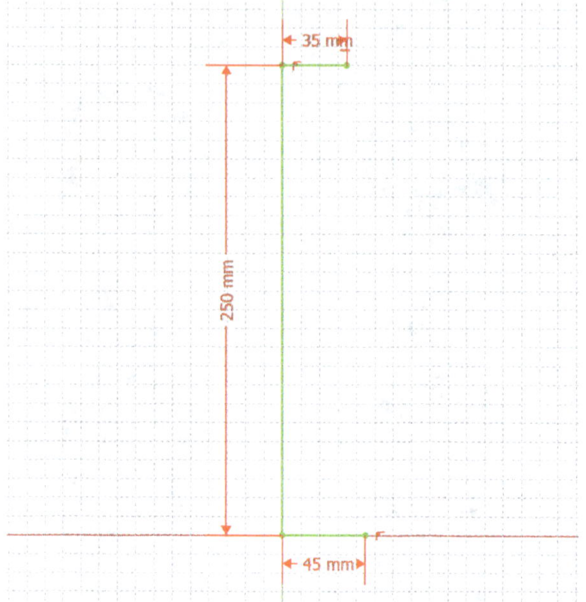

A continuación, siguen otras dos líneas horizontales que servirán de guía para dibujar el contorno exterior del jarrón. Una línea debe medir 25 mm y otra 55 mm.

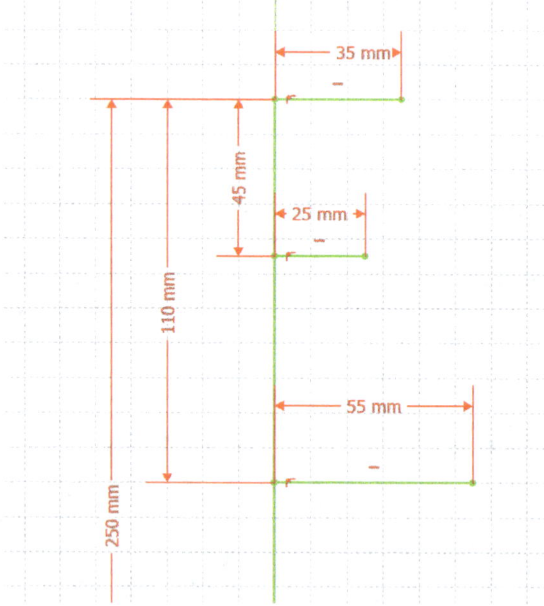

A la línea de 25 mm se le da una distancia de 45 mm desde el punto extremo superior de la línea vertical y a la línea de 55 mm se le da una distancia de 110 mm desde el mismo punto. Ahora trazamos tres líneas de conexión como se muestra para completar el contorno exterior.

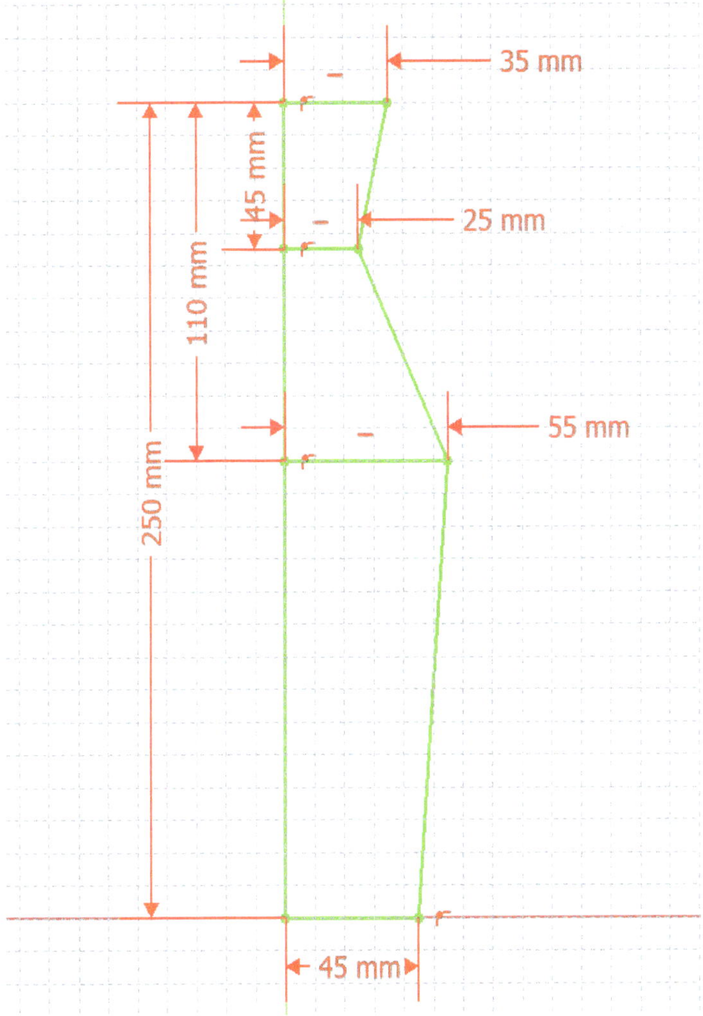

Ahora tenemos que convertir las dos líneas auxiliares que creamos antes en líneas de construcción. Esto tiene la ventaja de que luego estas líneas son ignoradas por el programa en modo 3D ("Part Design") y obtenemos así una superficie continua que podemos girar. De lo contrario, tendríamos tres segmentos individuales. La conversión se hace muy sencillamente seleccionando una línea cada vez y pulsando el comando "Toggle construction geometry" de la barra de herramientas. El color de la línea cambiará en función de la selección realizada en los ajustes. En este caso, las líneas se vuelven de color azul claro.

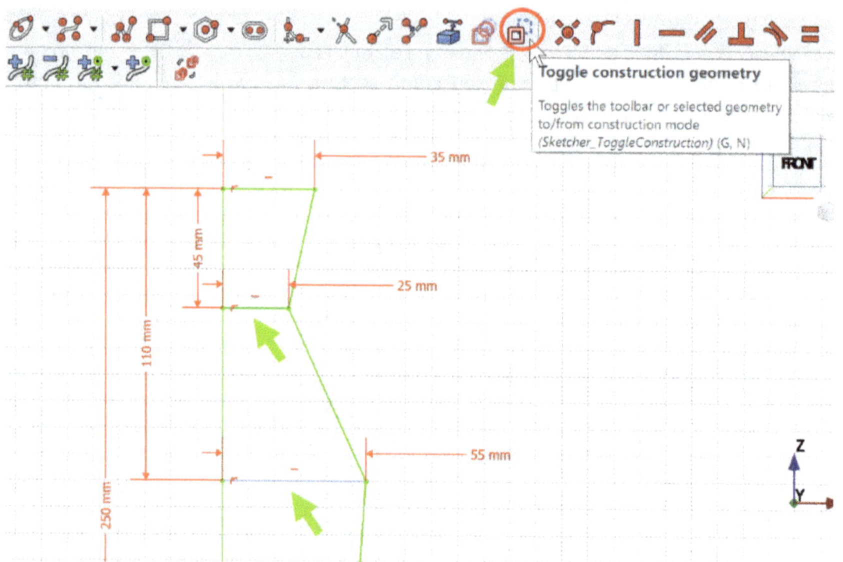

Ahora podemos cerrar el boceto 2D y girar la mitad creada de la sección transversal del jarrón alrededor de un eje haciendo clic en el comando "Revolution".

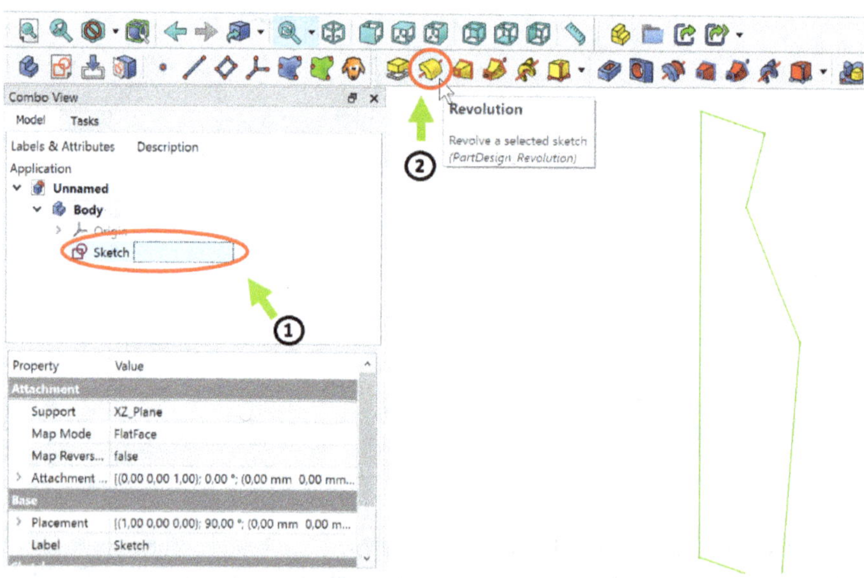

En los ajustes podemos dejar la selección en la opción "Axis" a la selección "Vertical sketch axis". El ángulo de 360° también está ya ajustado y es exactamente el adecuado para nuestro modelo. Con un clic en "OK" creamos el modelo.

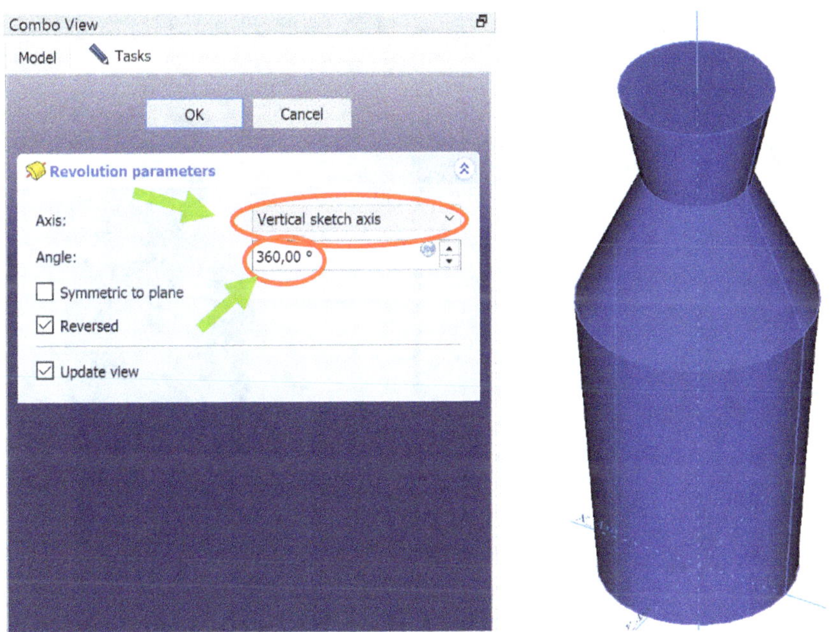

El cuerpo básico del florero ya está listo. A continuación, ahuecamos el cuerpo haciendo clic en la superficie superior del jarrón y utilizando el comando "Thickness".

Para el grosor de la pared, podemos elegir un valor de 3 mm, por ejemplo. Es importante que activemos la opción "Make thickness inwards" para que no cambien las dimensiones exteriores del jarrón.

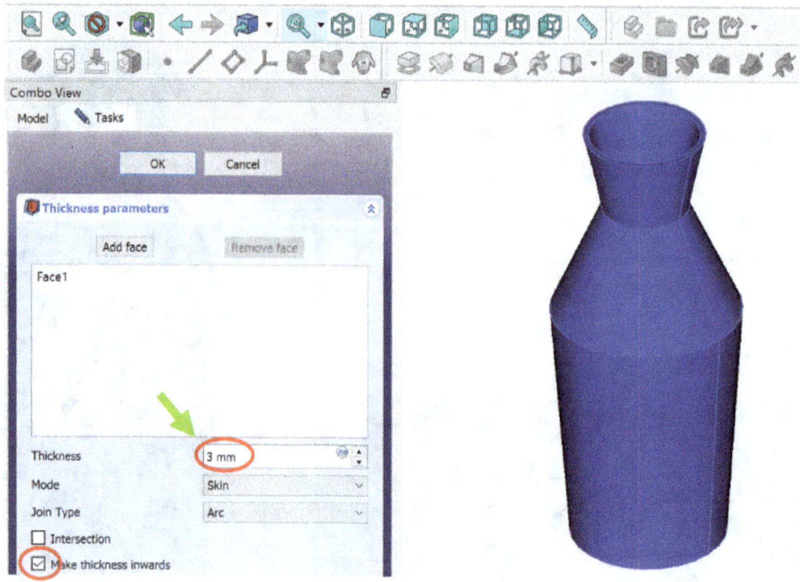

Para suavizar aún más el diseño anguloso, añadimos un redondeo de 10 mm en el borde inferior.

Para las tres aristas restantes, por ejemplo, seleccionamos filetes de 1 mm. La selección múltiple es posible manteniendo pulsada la tecla CTRL.

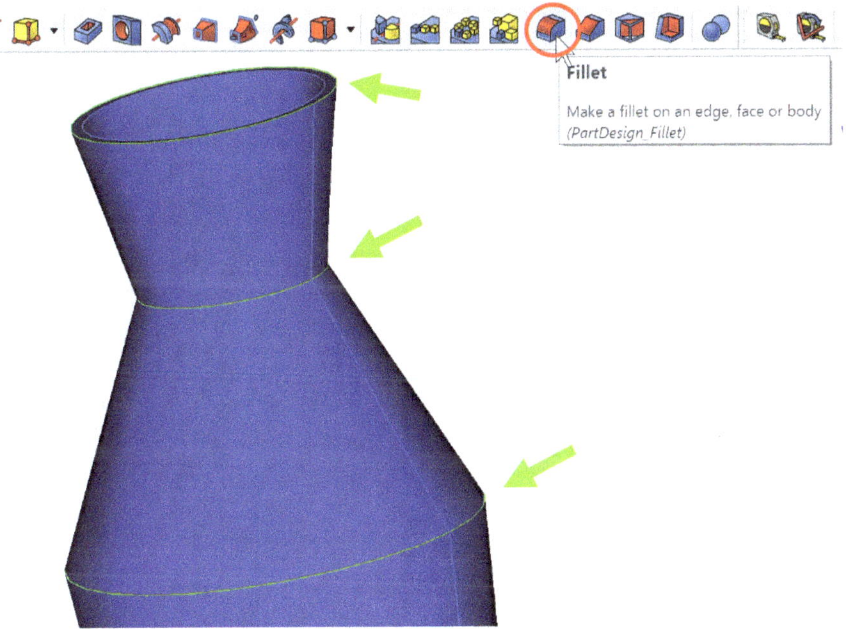

Por último, nos gustaría cambiar un poco el aspecto del jarrón de flores. Con un clic derecho sobre el cuerpo en el árbol de estructura y la selección de "Appearance ..."podemos ajustar la apariencia como queramos.

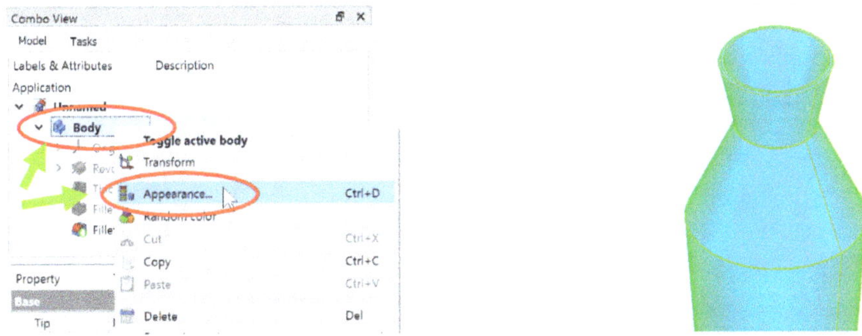

Aquí podemos cambiar, por un lado, el color del cuerpo y, por otro, también podemos cambiar aquí el material del cuerpo. Si cambiamos el material del cuerpo, el aspecto típico del material elegido también se transfiere al modelo 3D. Por ejemplo, podríamos seleccionar el material "Copper" y obtener así un jarrón de color cobre.

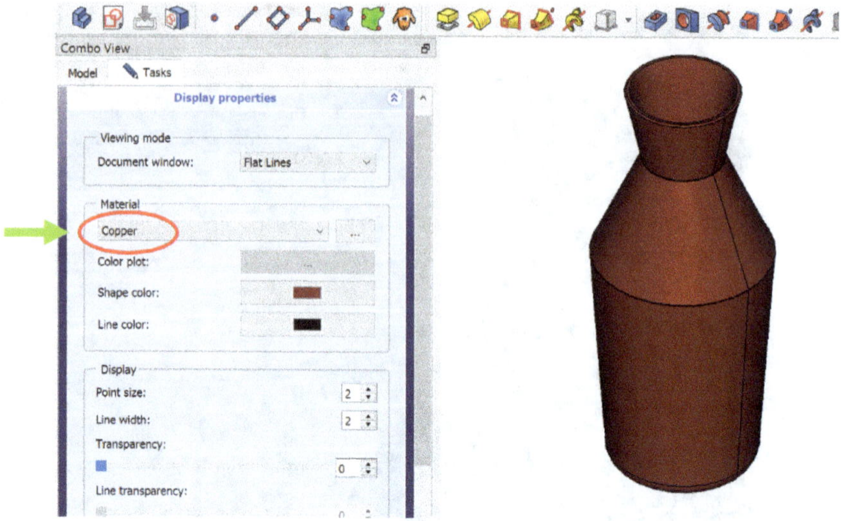

¡Muy bien! En los dos próximos proyectos, volveremos a dedicarnos a construcciones algo más difíciles. Construimos un juego de pistones, bielas y bulones, así como una llave inglesa. Después trabajaremos en la construcción de un rodamiento de bolas, un mando a distancia y una regadera.

6 Proyecto nº 5: Biela, pistón y bulón de pistón

En este proyecto queremos construir un conjunto de pistón, biela y bulón.

Para ello, empezamos con la creación del matraz. Para ello, iniciamos un nuevo documento en el espacio de trabajo "Part Design" y creamos un cuerpo ("Create Body"). Para la forma básica del pistón necesitamos un cuerpo cilíndrico. Lo creamos extruyendo un boceto que dibujamos en el plano x-y. En este croquis, dibujamos un círculo de 85 mm de diámetro y podemos cerrar el croquis después.

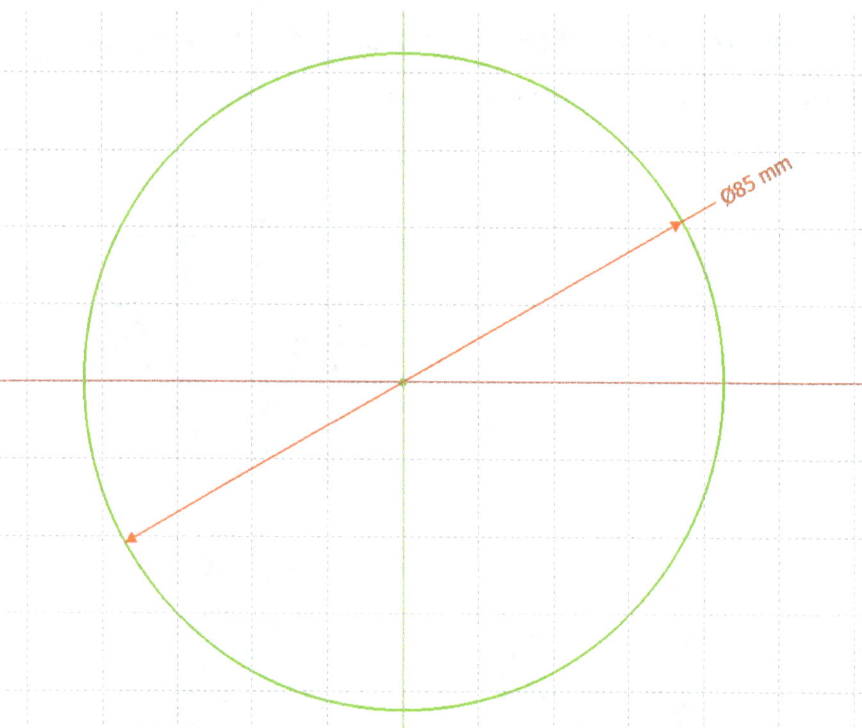

Ahora tenemos que extruir el área circular de 70 mm utilizando el comando "Pad".

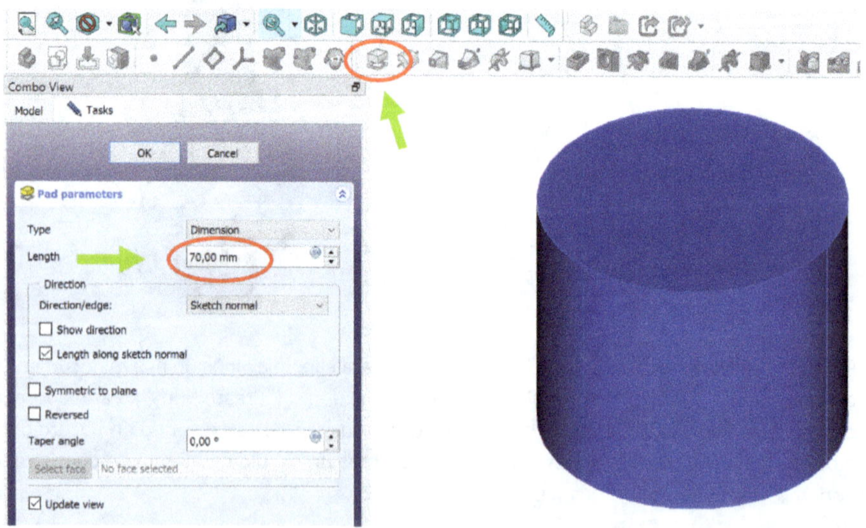

En el siguiente paso ahuecamos la mufla seleccionando la superficie inferior del modelo y haciendo clic en el botón "Thickness" de la barra de herramientas.

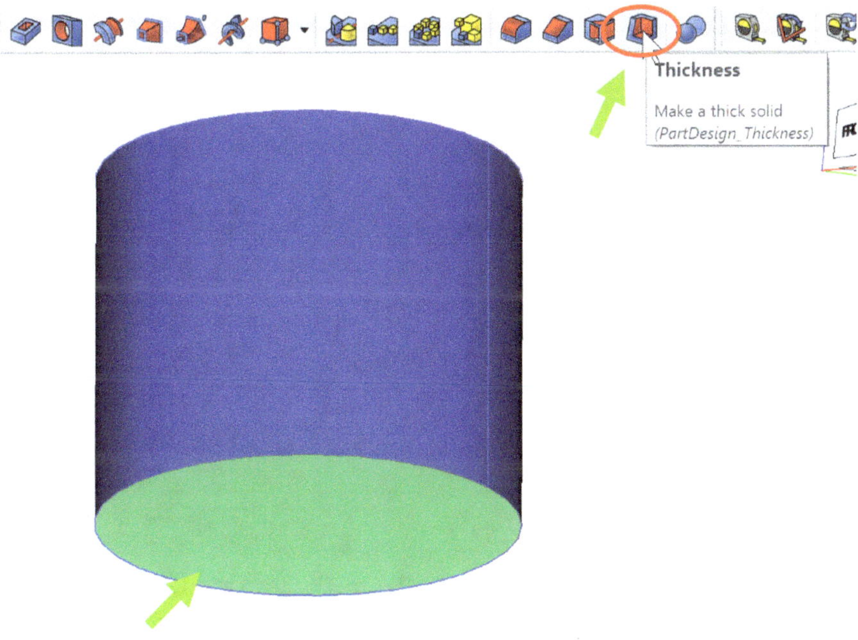

Asignamos un grosor de pared de 5 mm ("Make thickness inwards" activar).

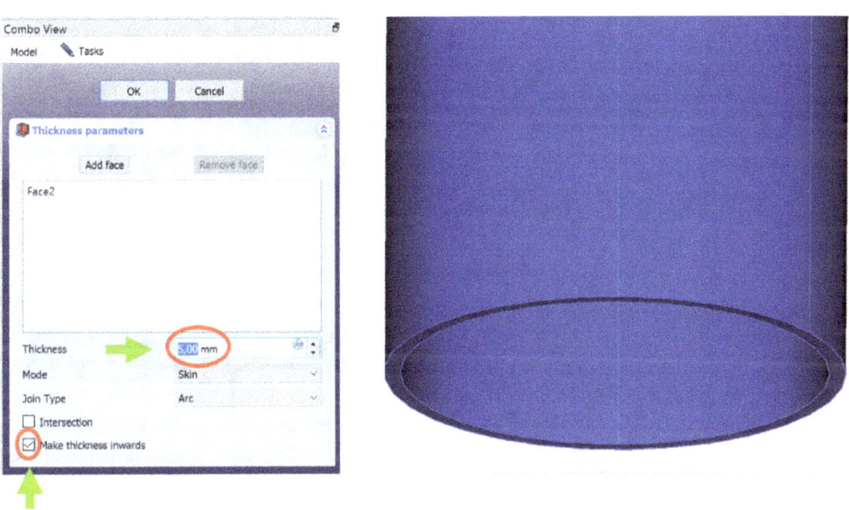

A continuación, iniciamos un croquis en el plano x-z para hacer un recorte para el bulón del pistón, que más tarde conectará el pistón a la biela. Tras ocultar el cuerpo con la barra espaciadora, dibujamos un círculo de 30 mm de diámetro en el eje vertical verde. A continuación, acotamos el círculo con una distancia de 30 mm desde el origen de coordenadas.

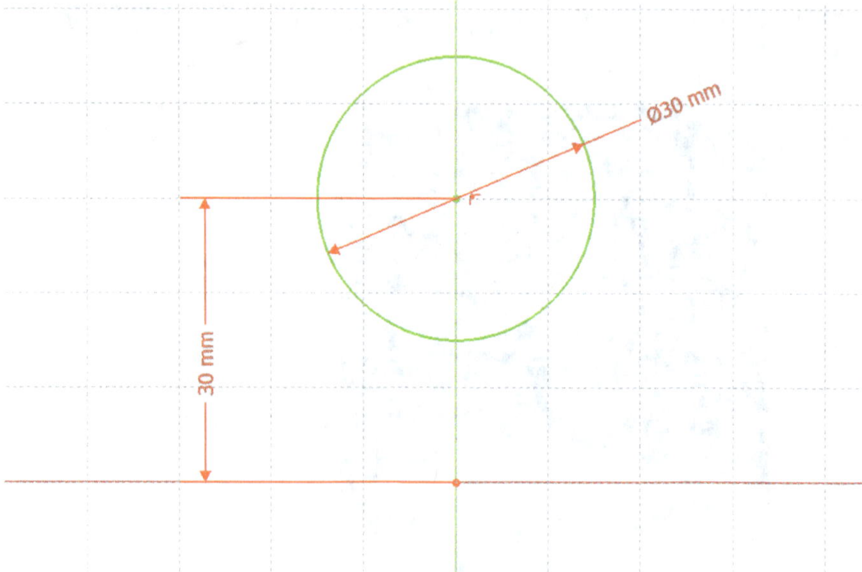

Entonces podemos cerrar el boceto y volver a mostrar el cuerpo. A continuación, seleccionamos el croquis que acabamos de crear en el árbol de estructuras y hacemos clic en el comando "Pocket" para crear una sección a través de toda la pieza.

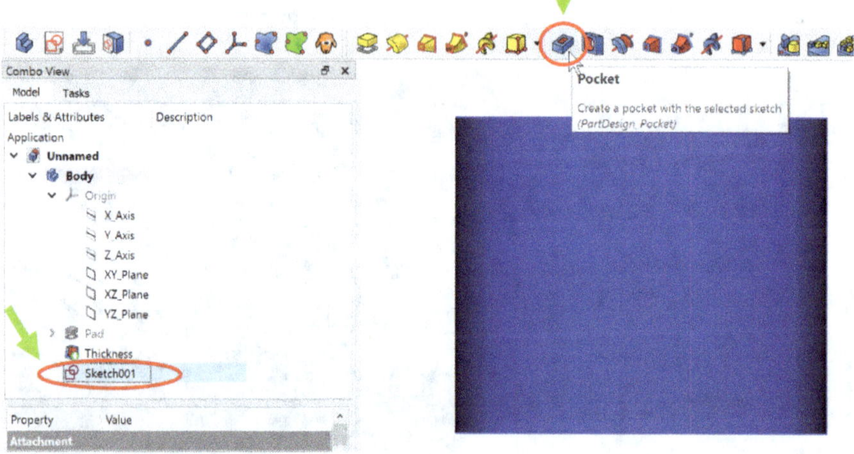

Para que este recorte atraviese la pieza completa en ambos sentidos, seleccionamos la opción "Two dimensions" en el ajuste "Type" e introducimos 50 mm cada uno en las opciones "Length" y "2nd length".

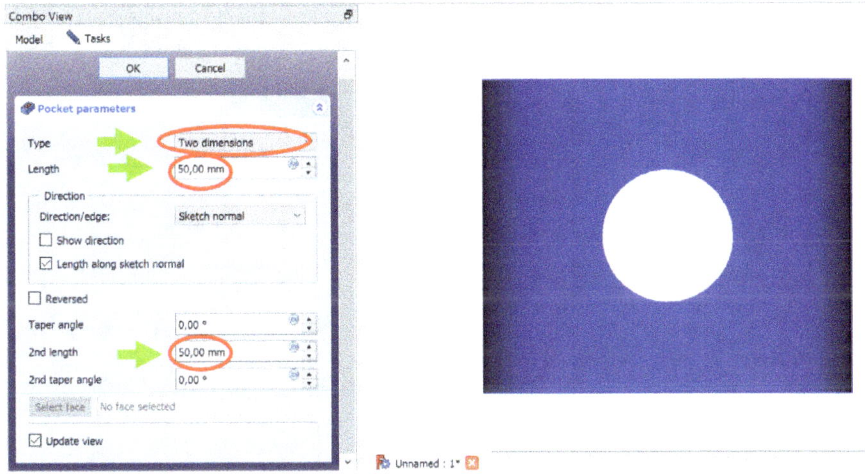

A continuación, añadimos dos ranuras que servirán para montar dos segmentos de pistón. Lo hacemos con el comando "Groove". Para este comando necesitamos un croquis con un perfil que giraremos alrededor de un eje para eliminar material. Creamos el croquis en el plano x-z. Volvemos a ocultar el cuerpo con la barra espaciadora para tener una mejor visión de conjunto.

Creamos dos rectángulos idénticos de 2 mm x 3 mm con una distancia de 5 mm entre ellos. Los rectángulos deben estar alineados, así que establecemos una restricción entre dos puntos de las esquinas de los rectángulos utilizando el comando "Constrain vertically".

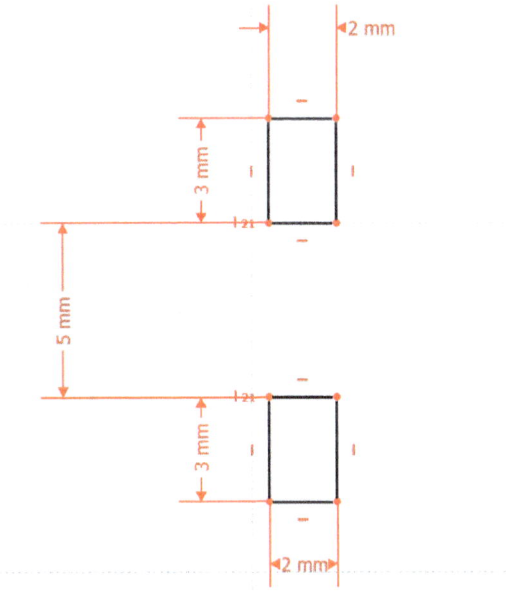

A continuación, acotamos la esquina inferior izquierda del rectángulo inferior con 40,5 mm (horizontal) o 52 mm (vertical) al origen de coordenadas.

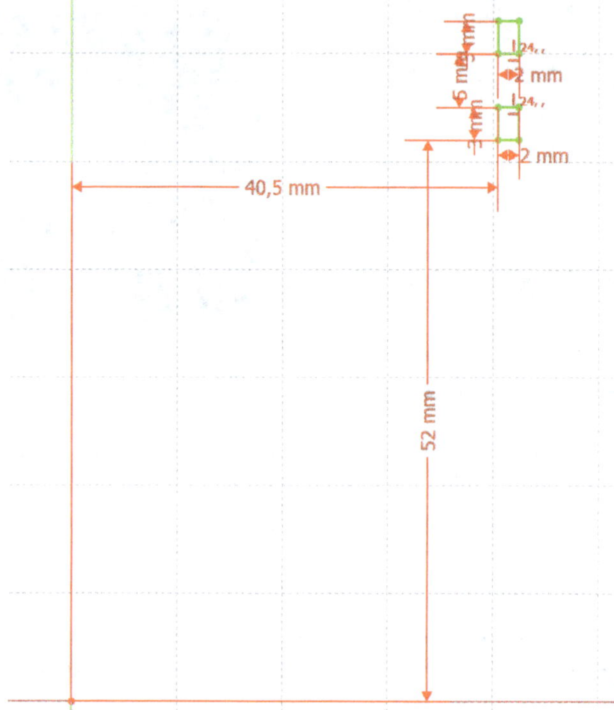

Ahora podemos cerrar el boceto y volver a mostrar el cuerpo. A continuación, nos aseguramos de que el croquis está seleccionado en el árbol de estructuras y hacemos clic en el comando "Groove".

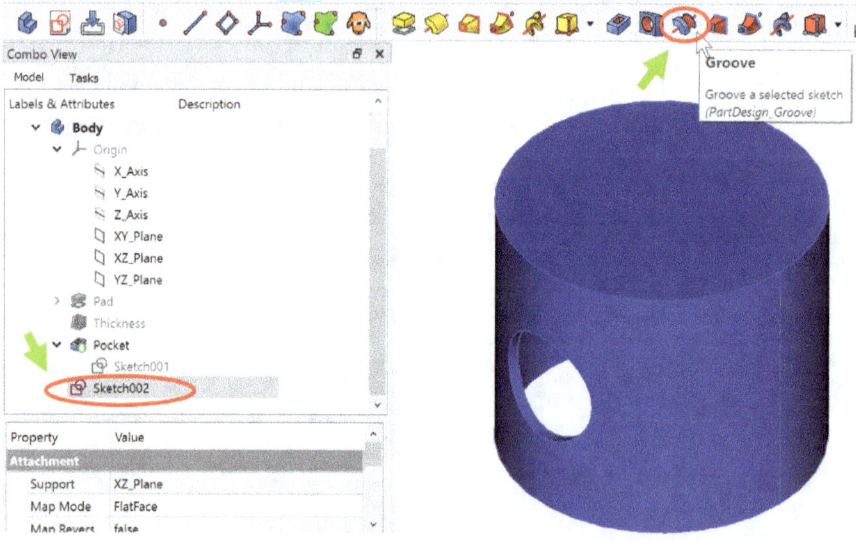

El programa recorta el perfil esbozado del cuerpo con un movimiento giratorio alrededor del eje z, lo que nos da las ranuras rectangulares deseadas.

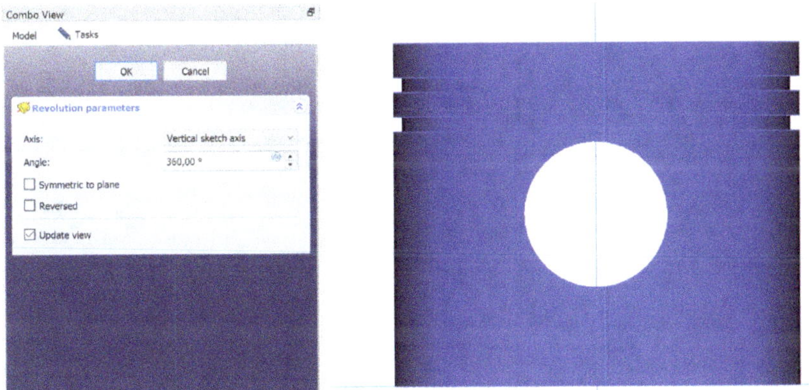

Como detalle adicional, añadimos de forma similar una depresión en la zona superior del pistón, que normalmente garantiza una distribución óptima de la mezcla y la presión. Para ello, creamos un nuevo croquis en el plano x-z y dibujamos el siguiente perfil triangular. Un punto del triángulo debe estar conectado al eje vertical verde.

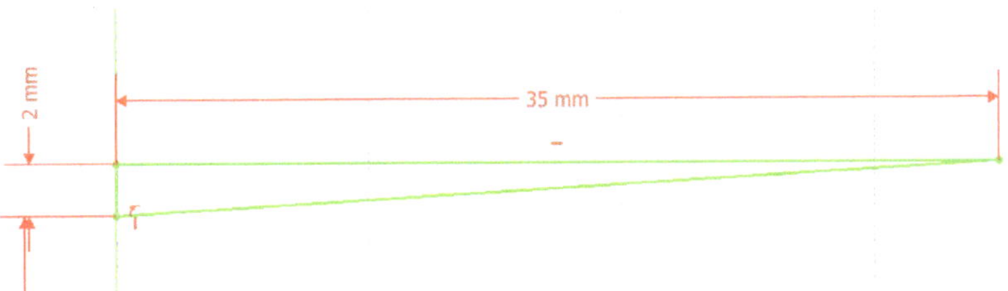

Acotamos este perfil -empezando por la esquina inferior izquierda- con una distancia de 68 mm al origen de coordenadas.

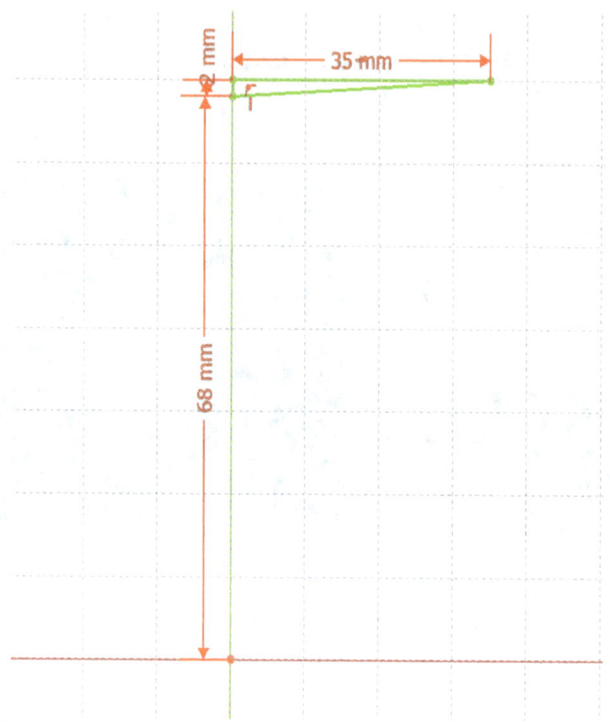

Entonces podemos cerrar el boceto.

Una vez difuminado el cuerpo y seleccionado el perfil esbozado, volvemos a utilizar el comando "Groove", que crea la depresión deseada.

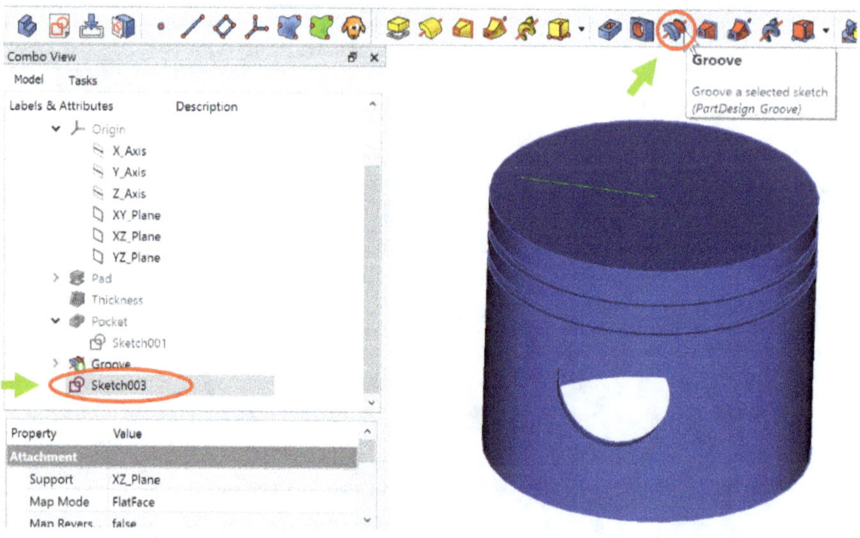

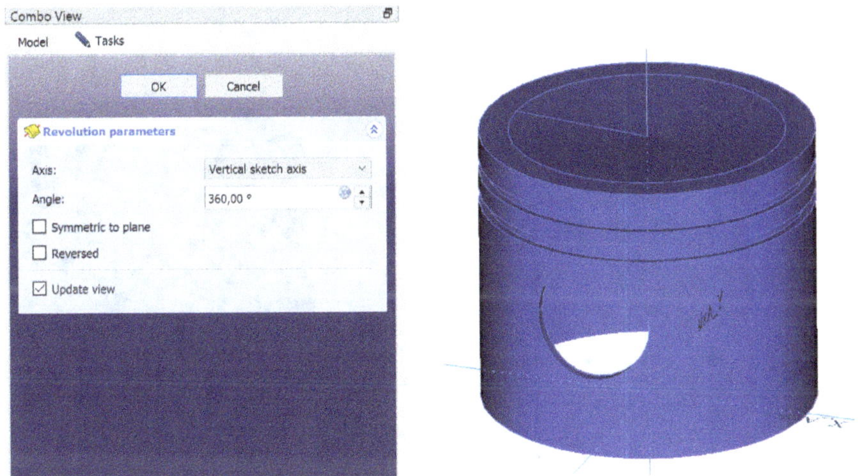

En el penúltimo paso, redondeamos los bordes superior e inferior del pistón con 1 mm cada uno.

Por último, creamos dos recortes en las aberturas para el bulón del pistón.
Para ello, primero creamos un plano paralelo al plano x-z con una distancia de 42,5 mm. Lo hacemos con el comando "Create a datum plane".

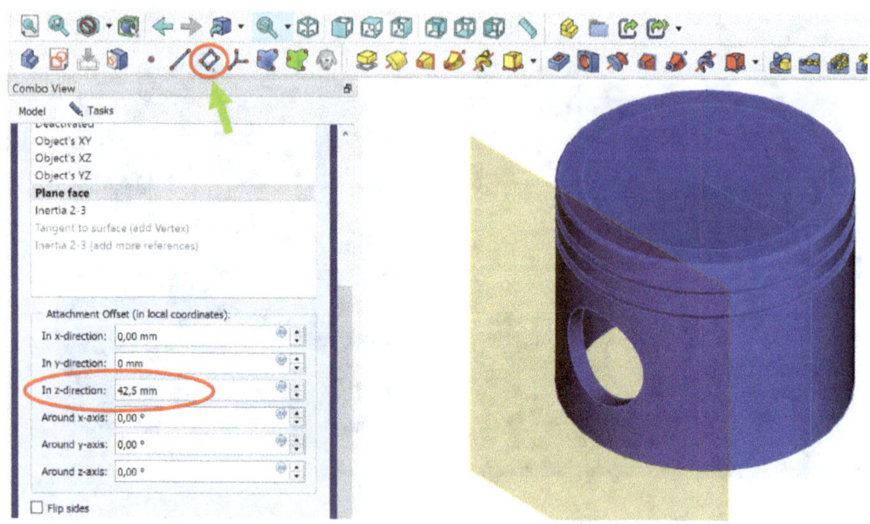

En esta capa creamos un nuevo croquis en el que dibujamos un rectángulo de 45 mm de ancho y 30 mm de largo cuyo punto central ("Create a centered rectangle" uso) se encuentra en el eje vertical verde. Acotamos la distancia del centro del rectángulo al origen de las coordenadas como 30 mm.

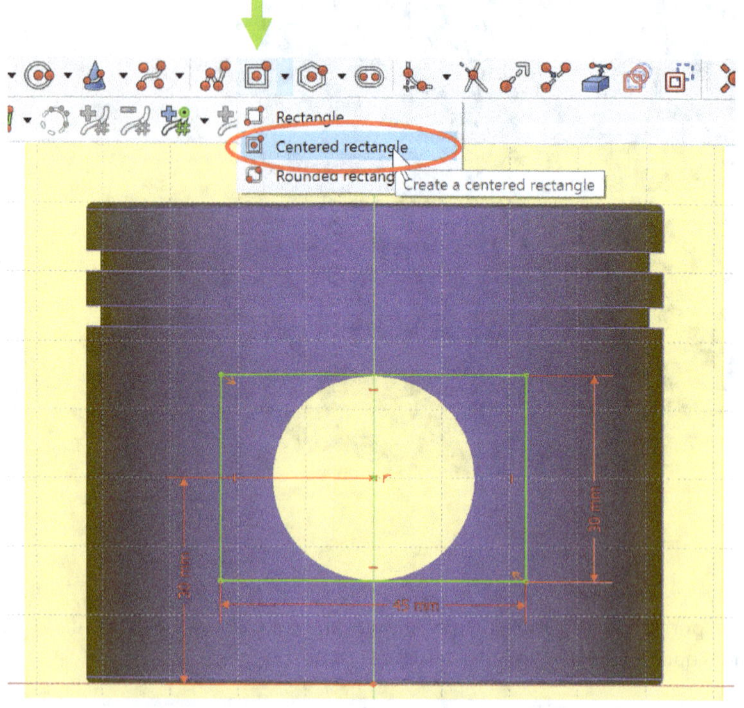

A partir de este boceto, podemos crear un recorte con una dimensión de 3 mm utilizando el comando "Pocket".

Necesitamos la misma sección en el lado opuesto. Lo creamos simplemente reflejando la primera sección. Para ello, utilizamos el comando "Mirrored". Seleccionamos el plano x-z como plano especular.

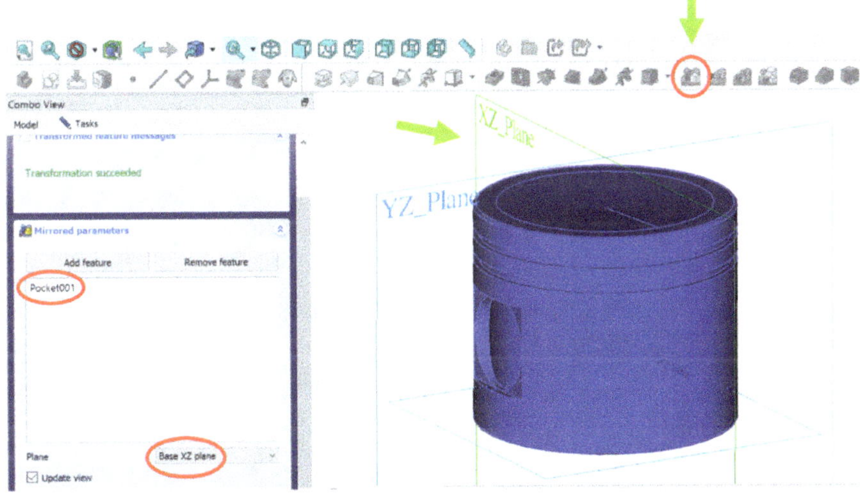

Omitiremos más detalles por razones de complejidad y tiempo. De todas formas, esta petaca sólo será un modelo.

Continuamos ahora con la biela y el bulón del pistón. Pero primero tenemos que salvar el pistón. Después podemos cerrar el documento.

Para la biela volvemos a crear un nuevo documento, un cuerpo y un croquis en el plano x-z. Esbozamos el perfil transversal de la biela que se muestra en este plano.

Empezamos con los dos "ojos". El ojo superior de la biela debe tener un diámetro de 30 mm (interior) y 40 mm (exterior). Fijamos los centros de los círculos en el origen de coordenadas.

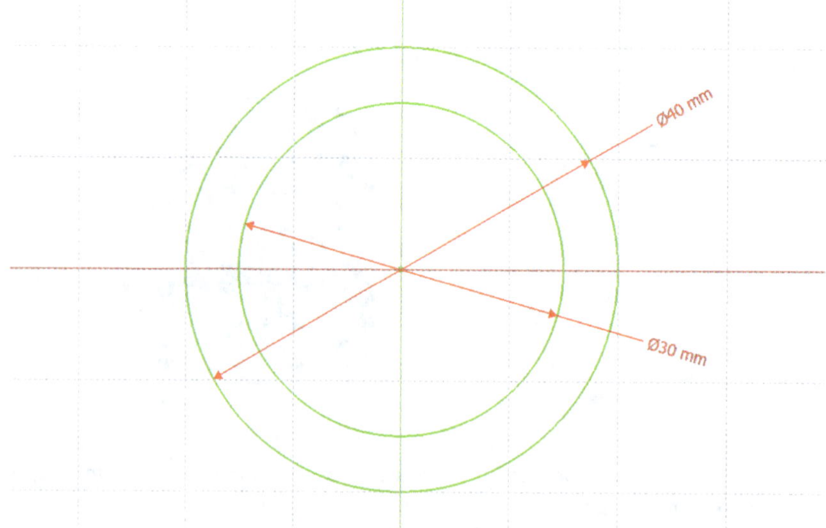

Un poco más abajo dibujamos el segundo ojo de biela, que también está formado por dos círculos cuyos centros son congruentes y deben quedar sobre la línea vertical verde. Los círculos deben tener un diámetro de 50 mm (interior) y 80 mm (exterior). También dimensionamos la distancia entre los centros y el origen de coordenadas en 165 mm.

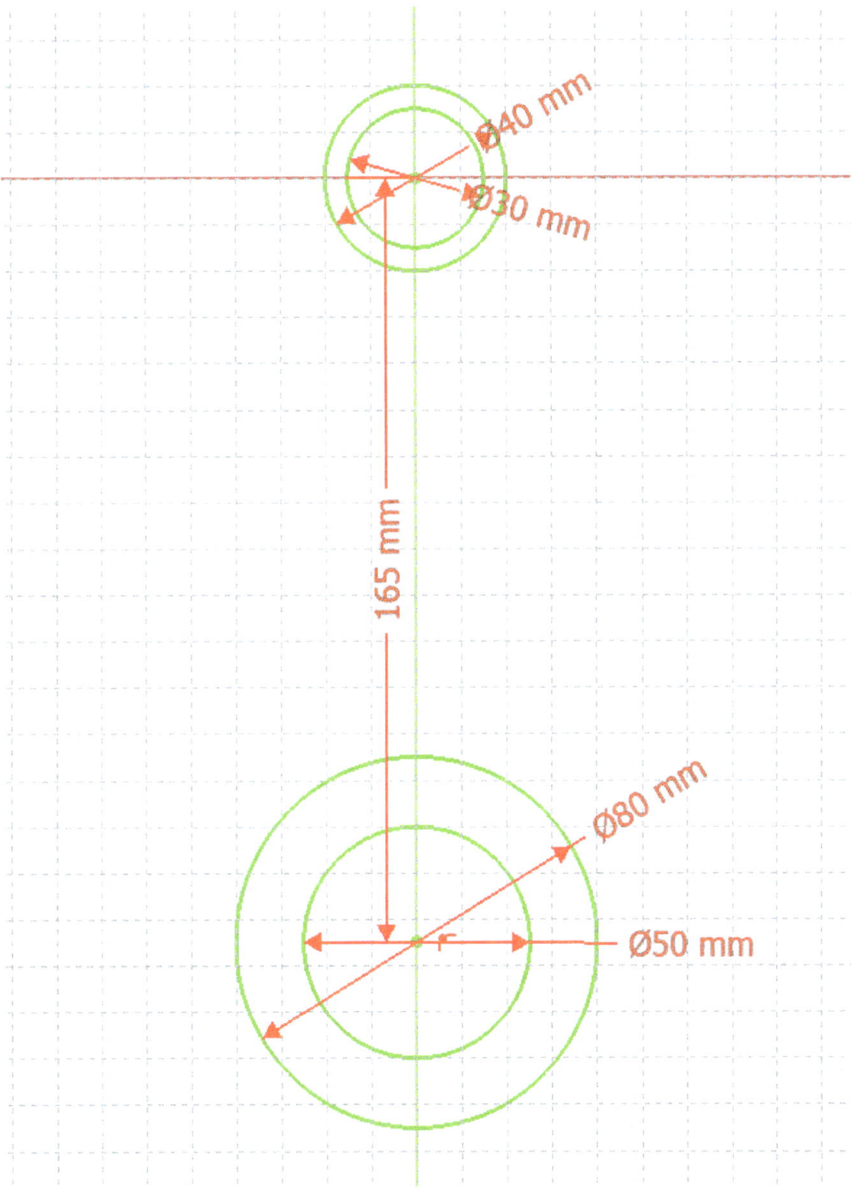

A continuación trazamos dos líneas verticales de 65 mm de longitud, cada una de las cuales debe tener una distancia horizontal de 10 mm desde el centro del ojo superior de la biela.

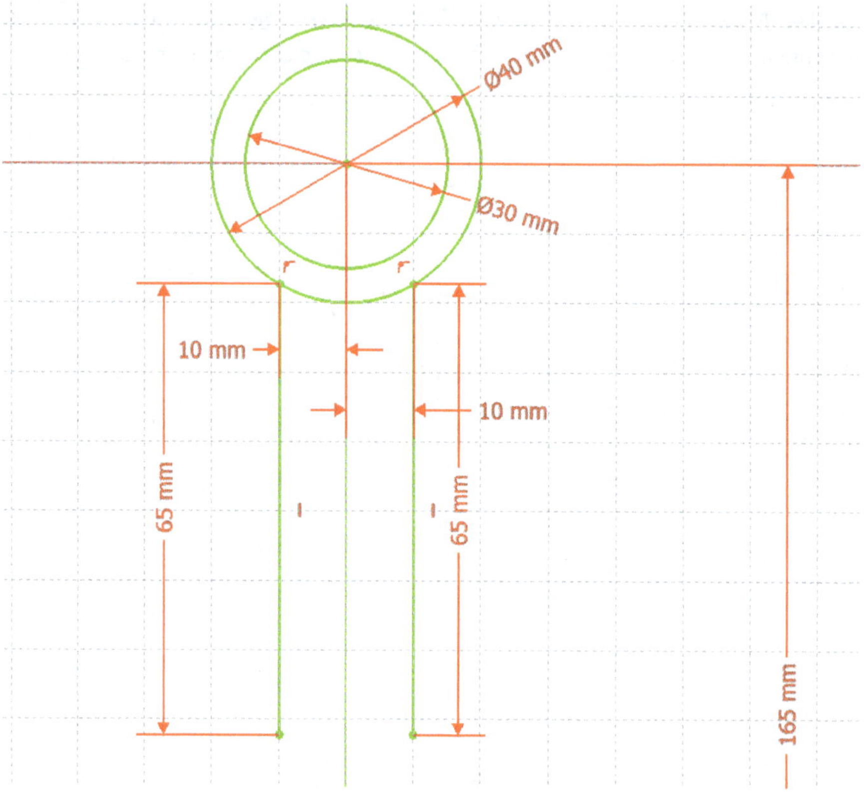

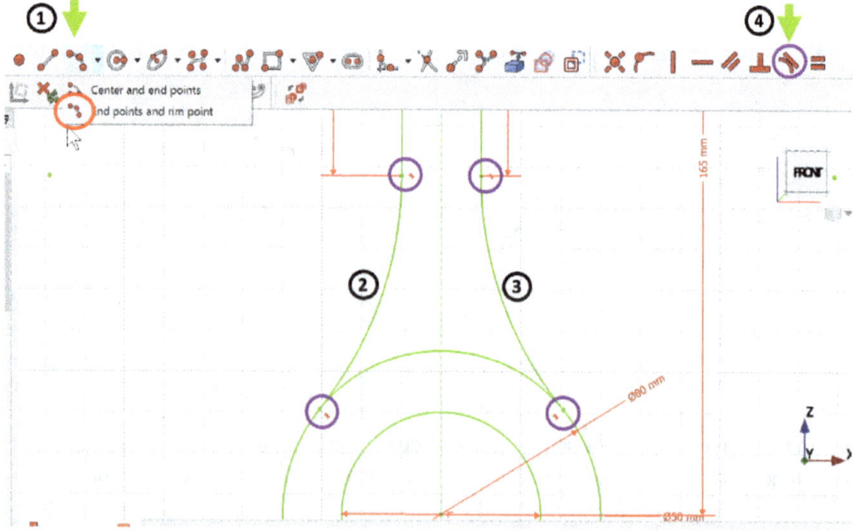

Completamos el perfil con dos arcos ("End points and rim point"), que deben recibir enlaces tangenciales ("Constrain tangent") en los puntos finales.

Por último, utilizamos la función "Trim edge" para eliminar las secciones sobrantes.

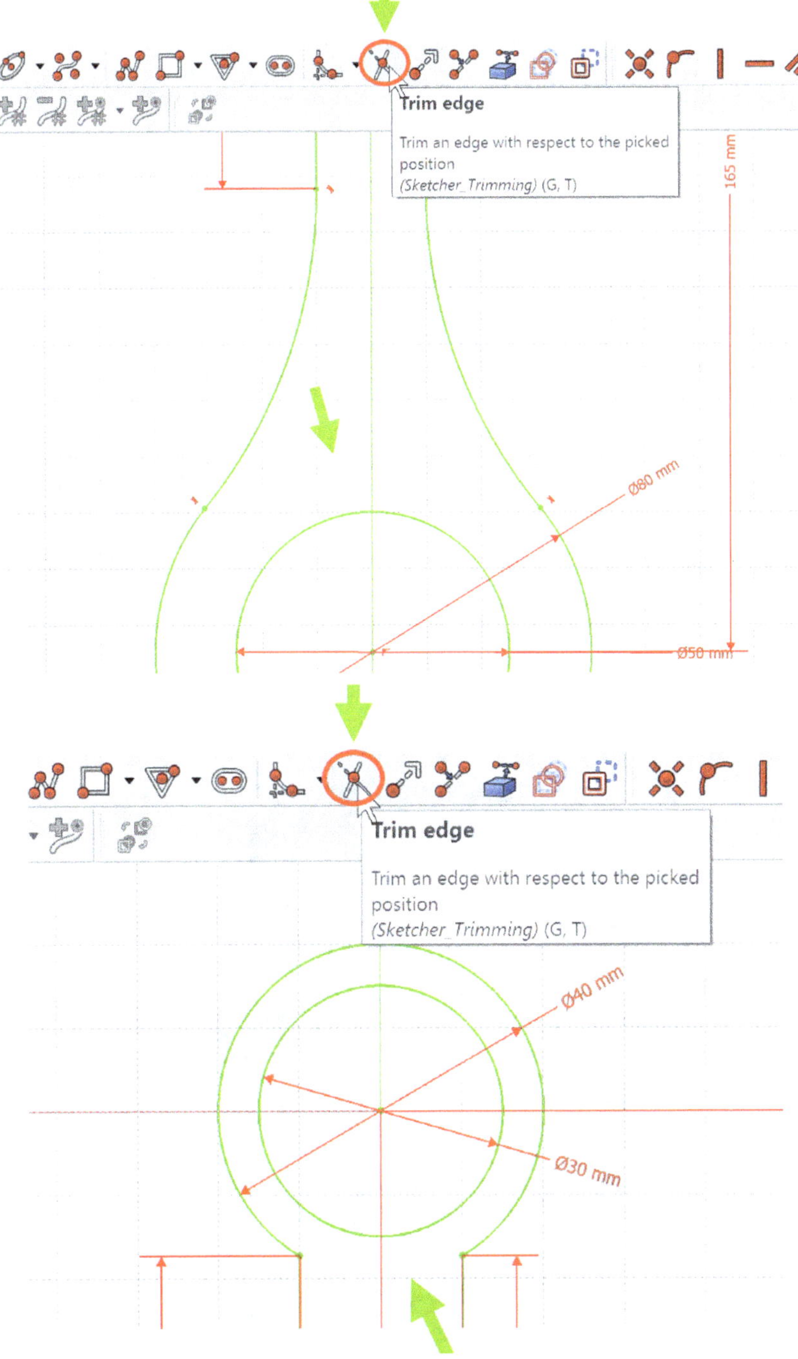

Una vez hecho esto, podemos cerrar el boceto y extruir la biela 20 mm con el comando "Pad".

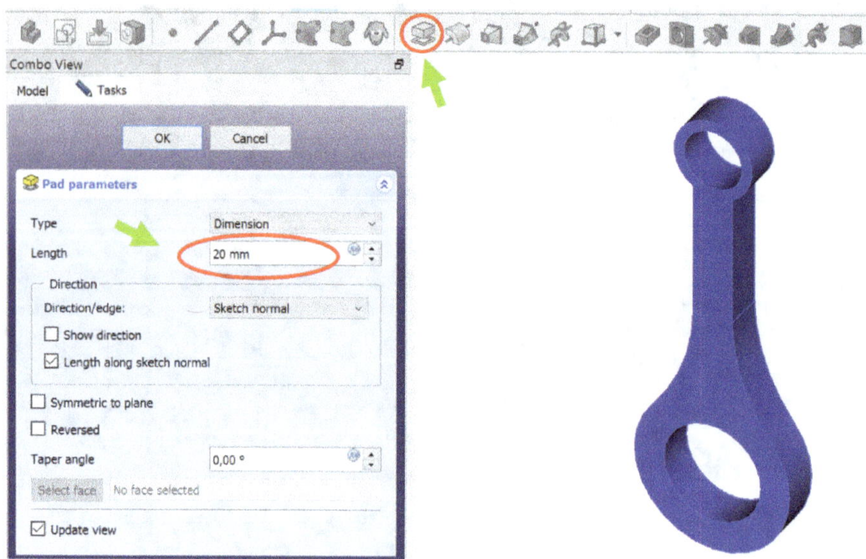

Para que las transiciones en la zona superior de la biela no sean demasiado extremas, podemos redondear estos bordes con un radio de 20 mm.

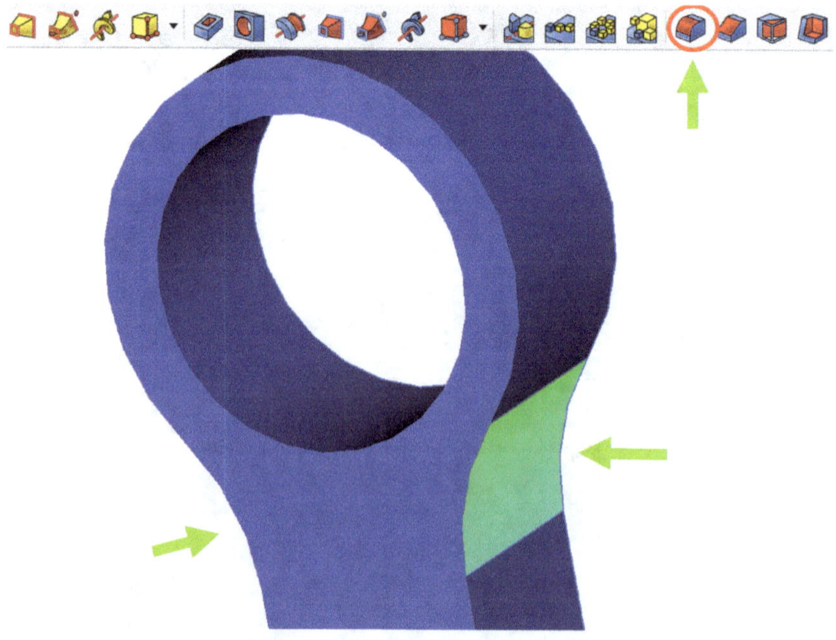

También redondeamos todos los bordes restantes de la parte delantera y trasera con 1 mm cada uno. Para ello, seleccionamos el anverso y el reverso con la tecla CTRL pulsada y, a continuación, hacemos clic en el comando "Fillet".

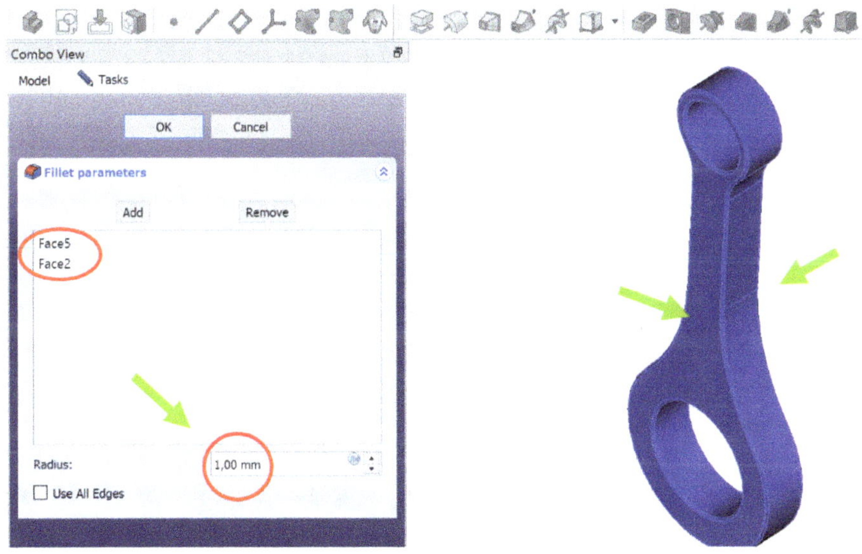

En este caso, nuestro cuerpo 3D es un modelo muy simplificado.

Normalmente, en la zona inferior, el componente está dividido en dos partes, la geometría está diseñada más a propósito y, además, existen los llamados casquillos de cojinete de biela, que se asentarían en el ojo inferior y servirían de cojinetes lisos.

A continuación, podemos guardar y cerrar la biela. A continuación, dibujamos el bulón del pistón antes de montar virtualmente el conjunto de pistón, biela y bulón. Creamos un nuevo documento, un nuevo cuerpo y dibujamos un círculo de 30 mm de diámetro en su plano y-z, que luego extruimos 79 mm y ahuecamos hasta conseguir un grosor de pared de 3 mm. Puedes hacerlo por tu cuenta para practicar mejor.

Aquí tienes la solución:

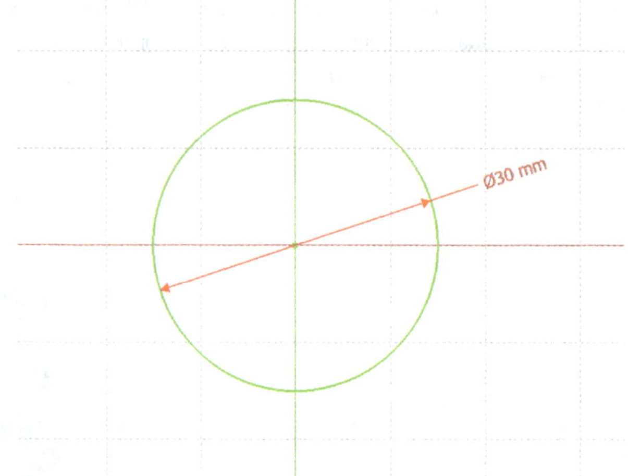

Para el comando "Thickness" seleccionamos las dos caras del montante. También activamos la opción "Make thickness inwards".

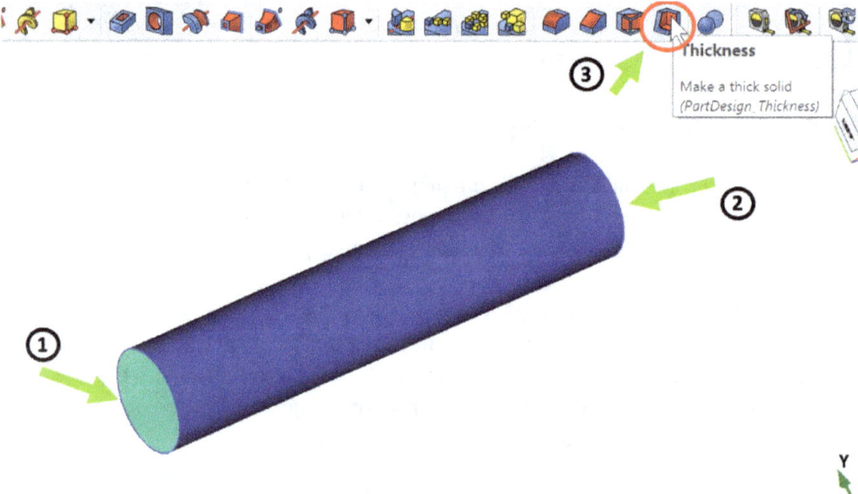

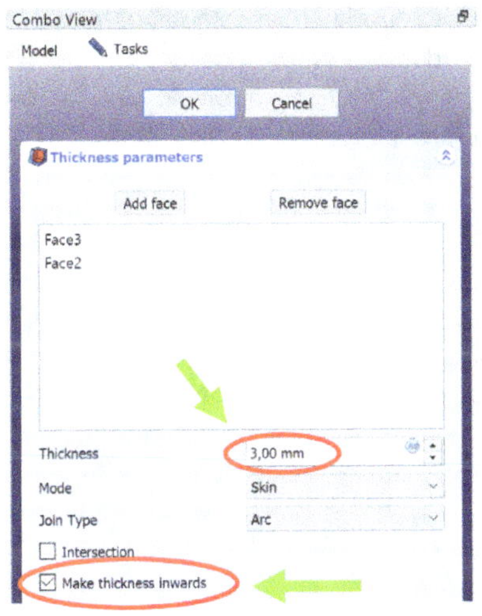

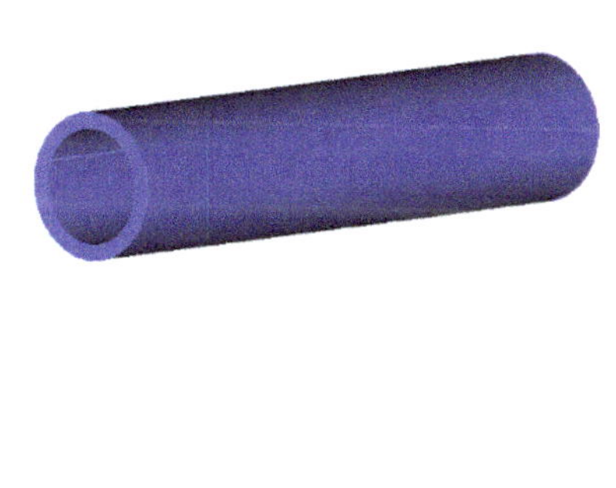

Por último, también guardamos y cerramos este modelo 3D.

A continuación queremos montar los componentes virtualmente. Lo hacemos en el espacio de trabajo "A2plus". Sin embargo, esta área no está instalada por defecto. Si es necesario, puedes instalar el área manualmente a través del gestor de complementos.

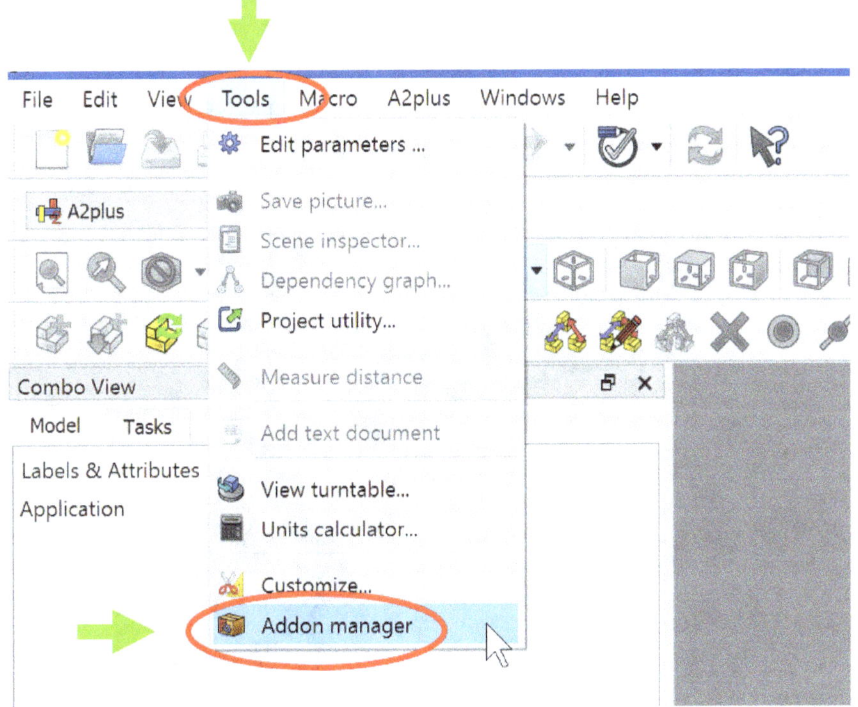

Ahora estamos en el espacio de trabajo "A2plus". Aquí primero tenemos que crear un documento nuevo, como de costumbre. Entonces podemos añadir el primer cuerpo 3D, la biela, a nuestro montaje. Para ello, haz clic en el comando "Add a part from an external file" de la barra de herramientas. Antes de hacerlo, tenemos que guardar el documento.

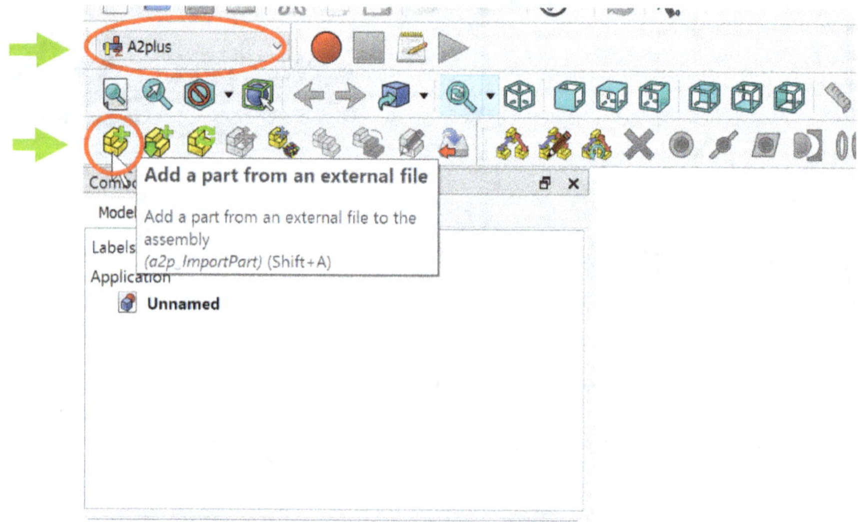

El primer componente que introducimos en un conjunto se fija para que podamos montar en él todos los demás componentes. El segundo componente que insertamos del mismo modo es el bulón del pistón. Lo colocamos con un clic en cualquier posición del espacio 3D.

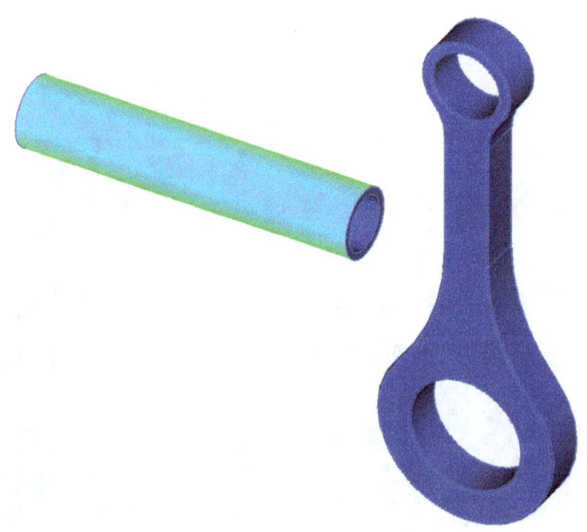

A continuación, seleccionamos la superficie del bulón cilíndrico del pistón y la superficie interior del ojo superior de la biela (manteniendo pulsada la tecla CTRL) y conectamos los dos cuerpos 3D mediante el comando "Add axis Coincident constraint".

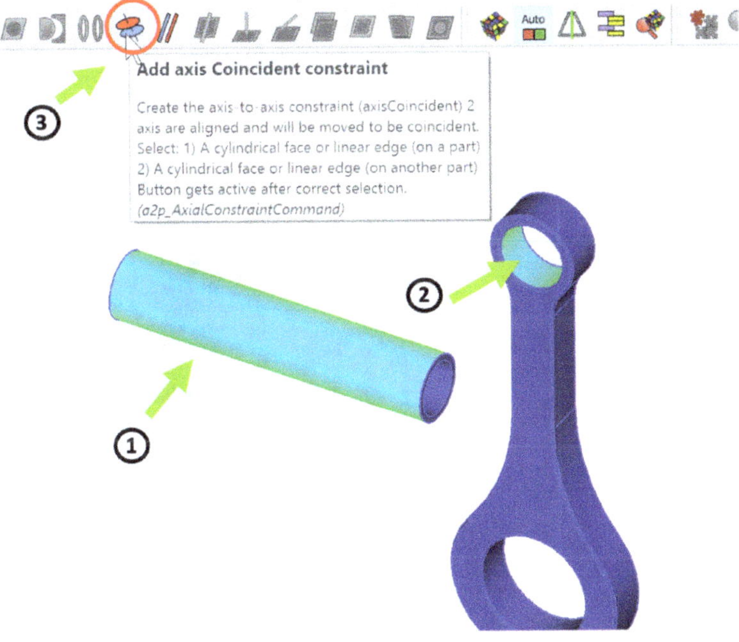

Así hemos conseguido que los ejes de los dos elementos estén alineados entre sí. Confirmamos con "Accept".

Ahora el tornillo sólo puede moverse a lo largo de este eje. Podemos comprobarlo con el comando "Move the selected part under constraints".

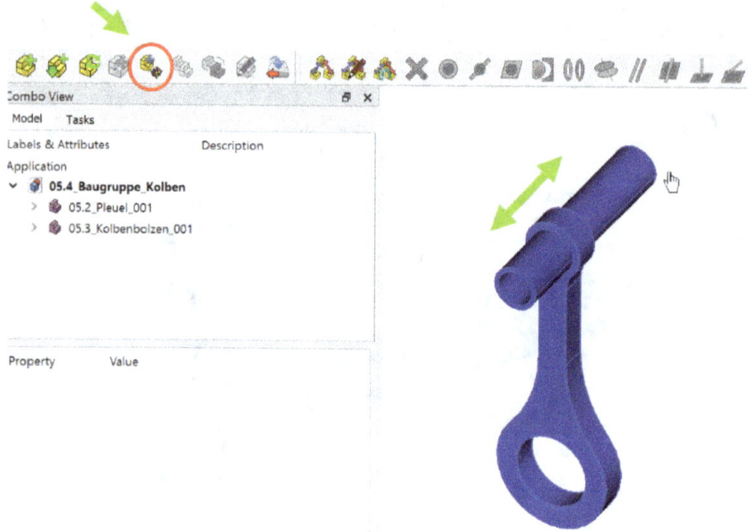

Para asegurarnos de que el bulón del pistón está exactamente centrado, añadimos una condición "planeCoincident constraint" seleccionando las dos caras frontales de los cuerpos 3D y el comando.

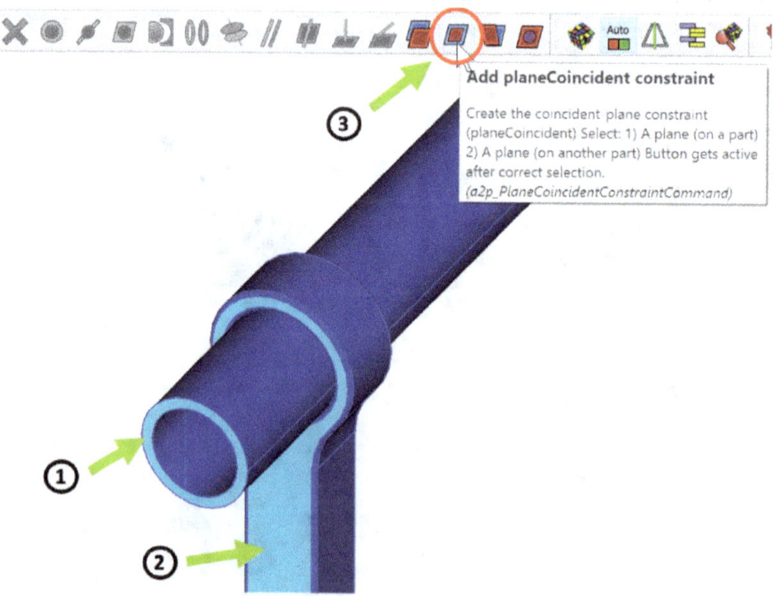

En los ajustes (ventana emergente) introducimos entonces un desplazamiento de 29,5 mm para que el perno quede exactamente centrado. Confirma con "Accept".

Por último, añadimos el pistón al conjunto. Puedes enlazarlo independientemente con el bulón del pistón.

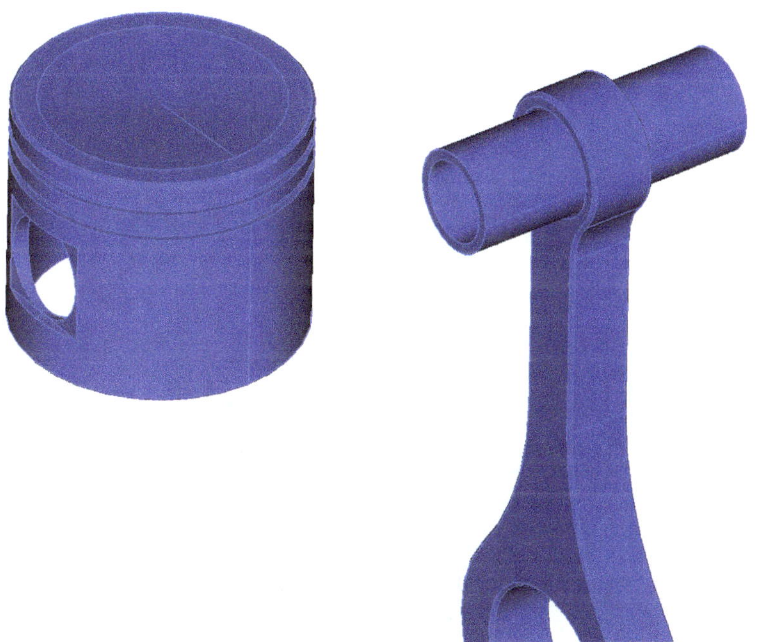

Para el enlace, primero ejecutamos de nuevo el comando "Add axis coincident constraint".

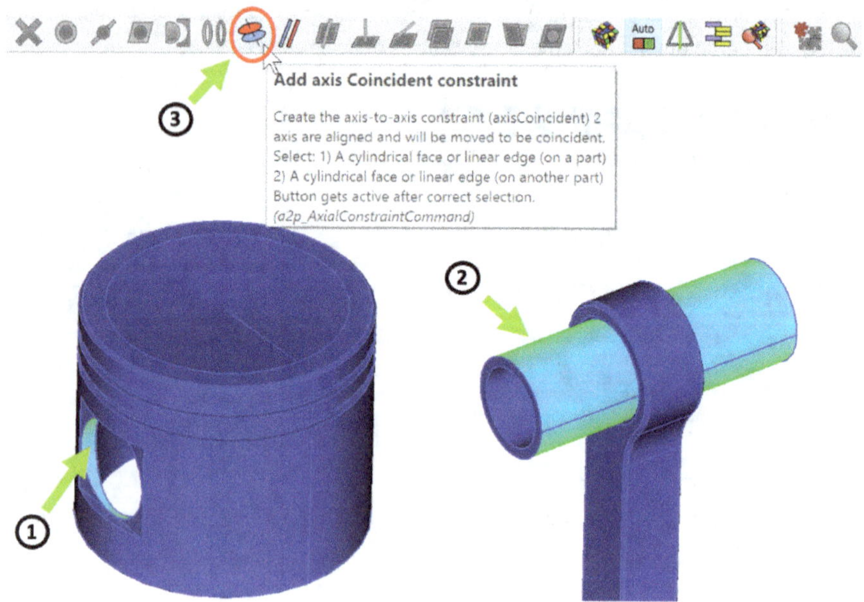

Después, enlazamos las dos superficies mostradas con ayuda del comando "Add planeCoincident constraint".

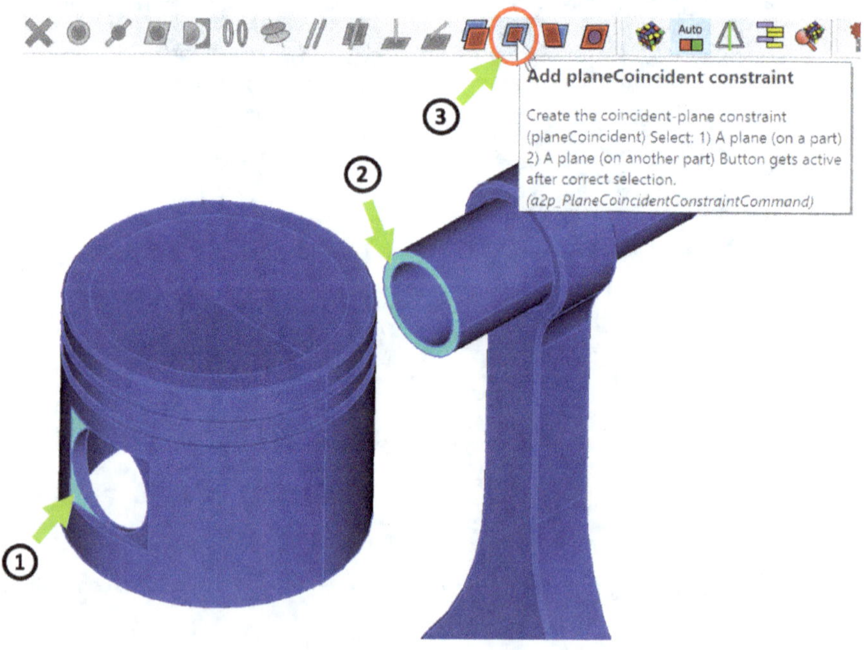

Ahora el montaje está listo. Para distinguir mejor unas piezas de otras, podemos cambiar su material o su color. Ya hemos visto cómo funciona en el último proyecto. También puedes realizar estos cambios directamente en el montaje. Sin embargo, entonces los cambios sólo se realizan para el conjunto y ya no están disponibles cuando las piezas individuales se abren por separado. En este caso, puedes cambiar los materiales o los colores según tus deseos.

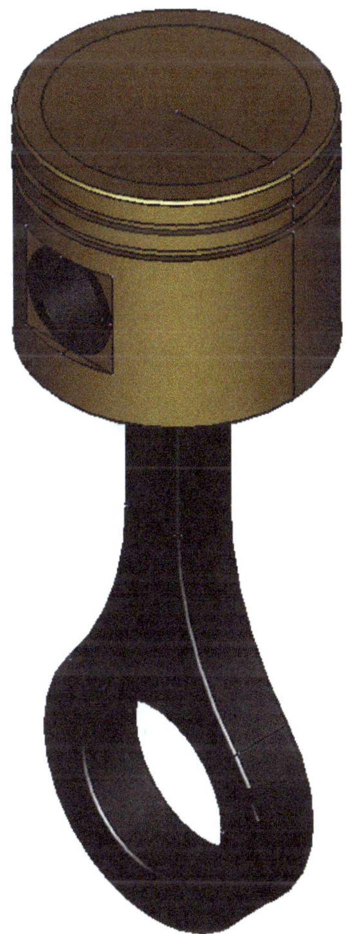

Como corresponde, el siguiente proyecto continúa con una llave inglesa. Asegúrate de quedarte, hay más proyectos de construcción fantásticos e incluso más complejos en la siguiente sección, incluyendo, por ejemplo, un rodamiento de bolas.

7 Proyecto nº 6: Llave inglesa (llave fija)

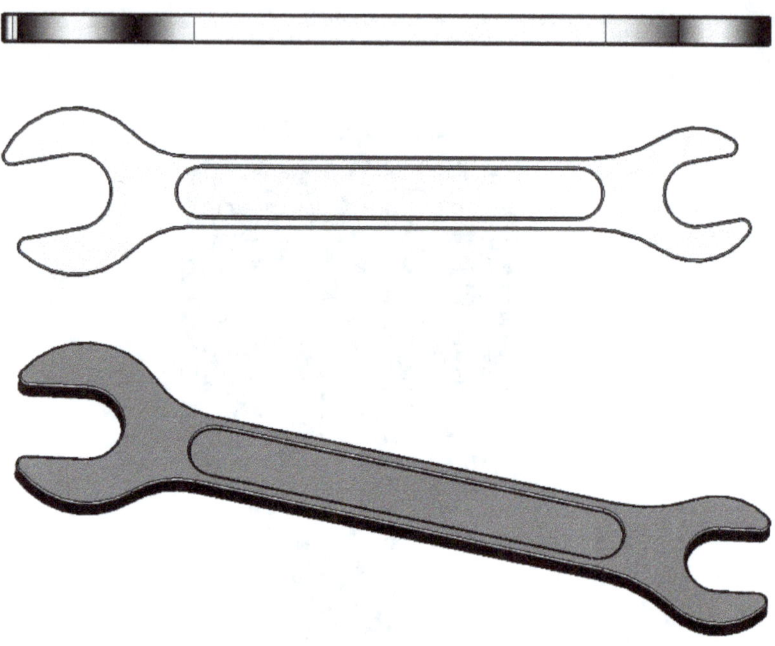

¿Cuál es la mejor manera de construir esta llave? Si examinamos más detenidamente la geometría de la llave, algunos de vosotros ya os habréis dado cuenta de que tiene sentido partir de una geometría circular en las zonas izquierda y derecha y construir la zona central de la llave con arcos y líneas de conexión. Los demás detalles seguirán más adelante.

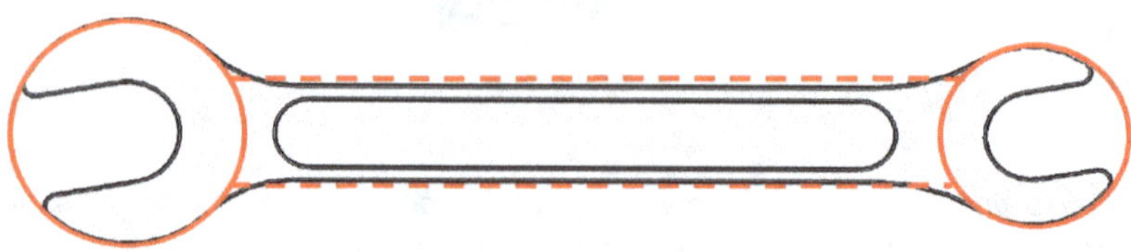

Así que vamos a esbozar primero dos círculos en el plano x-y. El círculo izquierdo debe tener un diámetro de 35 mm y el derecho de 28 mm. Damos al círculo izquierdo una distancia de 67 mm desde el origen y al círculo derecho una distancia de 65 mm. Asegúrate de que los centros de cada círculo se sitúan sobre el eje horizontal rojo.

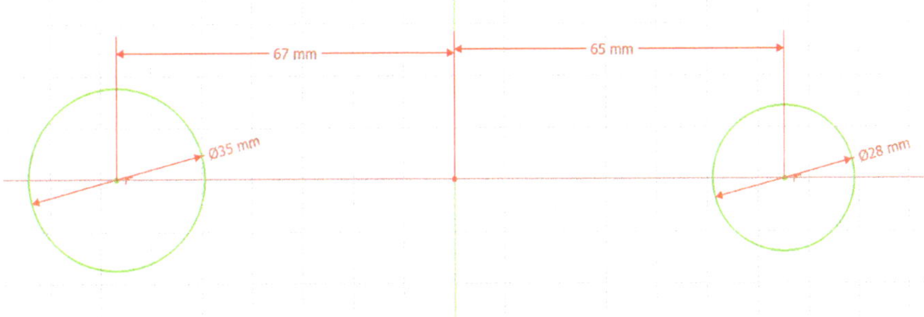

Ahora creamos la zona central. Para ello, primero trazamos dos líneas de 85 mm de longitud, cada una con una distancia de 7,5 mm (vertical) y 42,5 mm (horizontal) desde el origen de coordenadas.

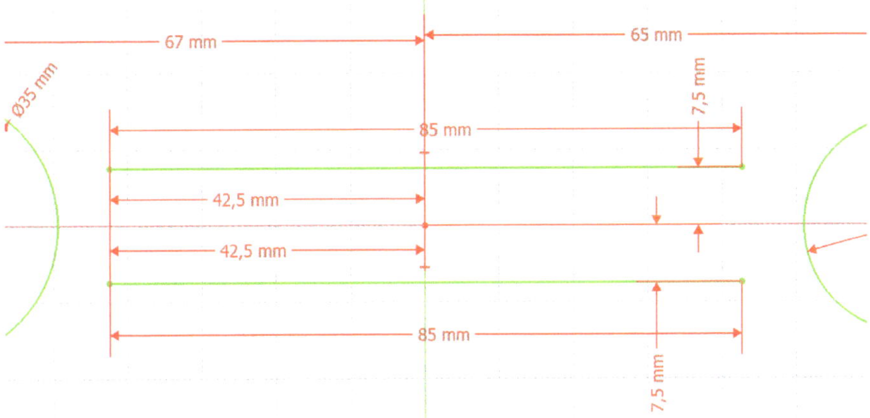

A continuación, trazamos dos arcos ("End points and rim point") en la zona de transición izquierda, cuyos puntos inicial y final deben situarse en el círculo y en los puntos finales de las líneas horizontales, respectivamente. De forma similar al mosquetón, sustituimos las restricciones existentes en los puntos de las esquinas por restricciones tangenciales ("Constrain tangent").

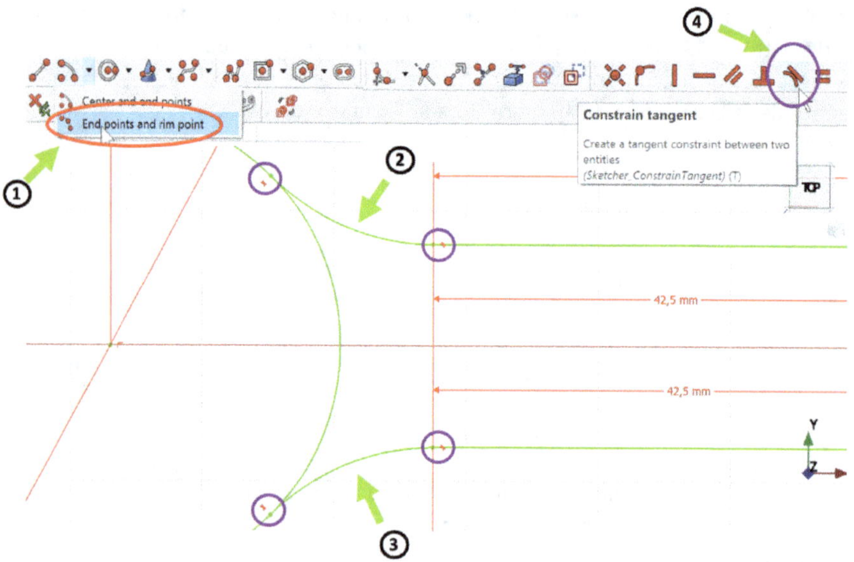

Hacemos lo mismo en la zona de transición del lado derecho.

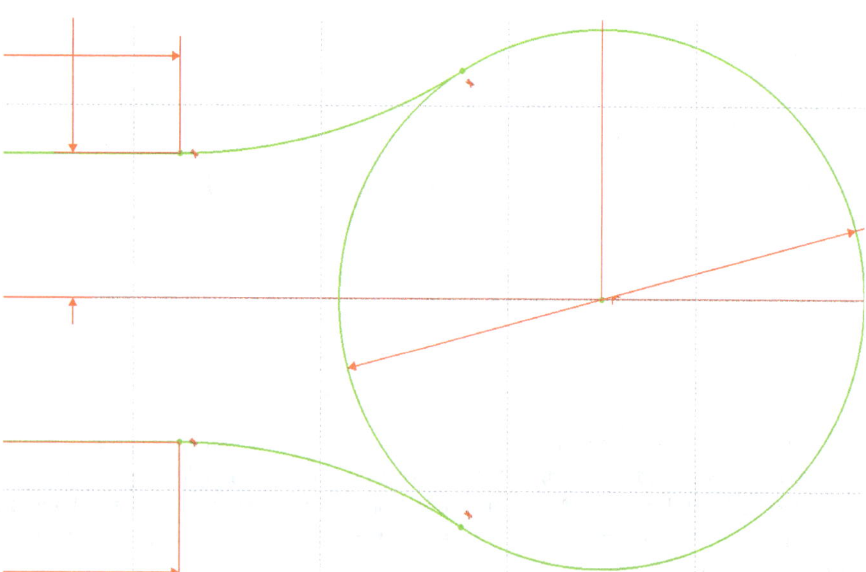

Después podemos eliminar los segmentos de arco sobrantes de los dos círculos con la herramienta "Trim edge".

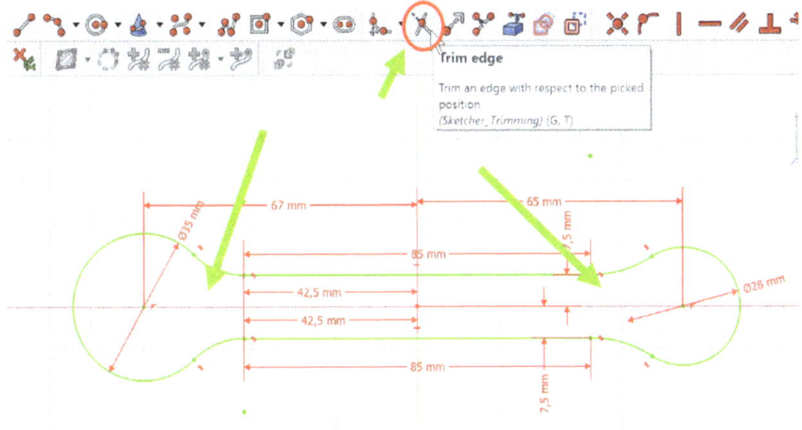

Pasamos ahora a los dos recortes que hacen posible la función real de la llave. Nos gustaría integrarlos en el boceto para ahorrarnos uno o varios pasos de trabajo. Empecemos de nuevo por la izquierda. Esta geometría también es más fácil de esbozar con la ayuda de un círculo, que colocamos en el centro y aún no acotamos.

A continuación, añadimos una línea que debe comenzar en el círculo exterior y ser tangente al círculo interior que acabamos de dibujar. Asegúrate aquí de que se crea la relación tangencial, reconocible por el símbolo pequeño. Si no, añádelo manualmente. También necesitamos una línea de este tipo en la zona inferior. A continuación, ponemos las dos líneas en dependencia paralela con una relación.

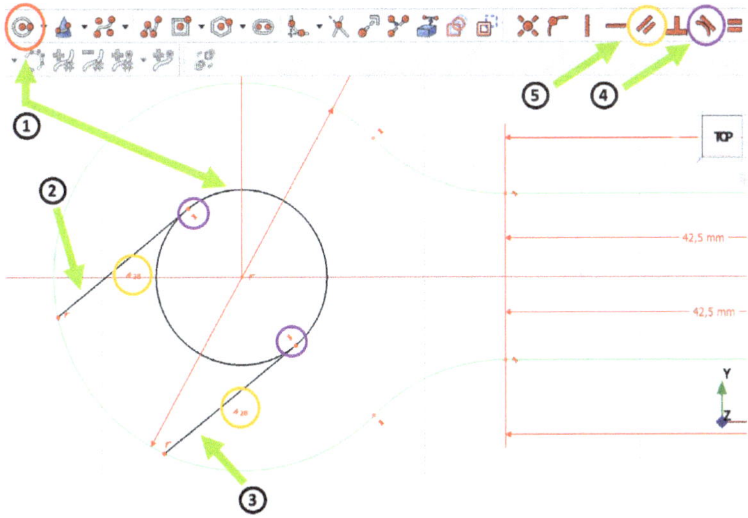

Ahora acotamos la distancia entre estas dos líneas con 15 mm. Para ello, primero seleccionamos los dos puntos extremos de las líneas (tecla CTRL pulsada) y luego utilizamos el comando "Constrain distance". Esto nos da una llave de 15 mm en esta página. Para un uso real, sin embargo, deben utilizarse aquí las dimensiones o tolerancias de un libro de tablas o de Internet, ya que debe quedar algo de espacio entre la cabeza del tornillo y la llave.

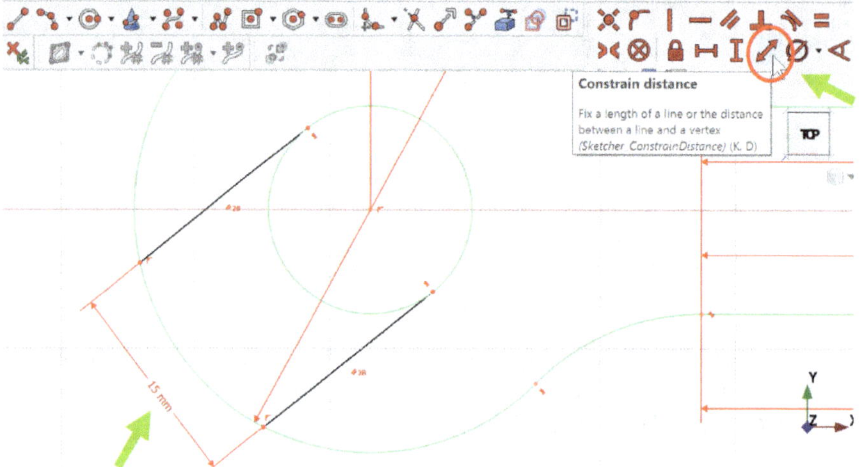

Con ayuda del comando "Trim edge" eliminamos el segmento de arco superfluo en la zona interior.

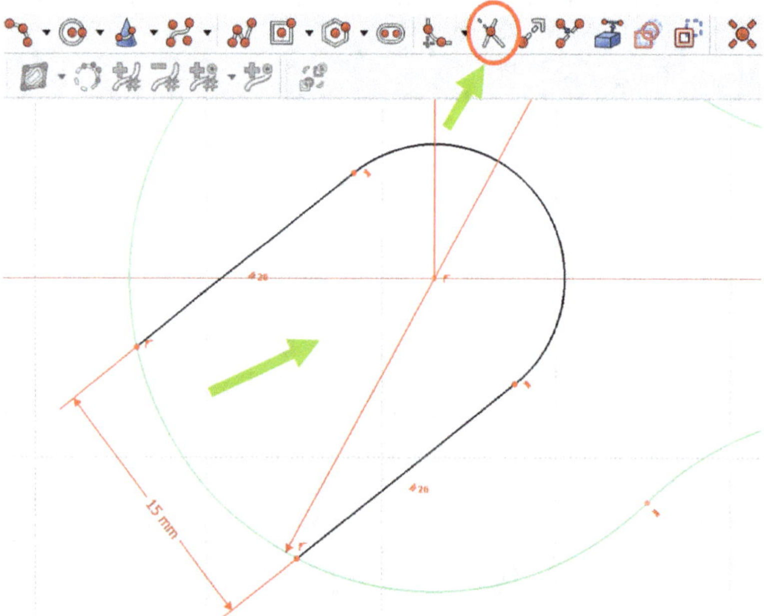

Para definir completamente el boceto, añadimos un ángulo de 10° entre la línea superior y la línea horizontal roja (eje x) con el comando "Constrain angle". Entonces el boceto vuelve a estar completamente definido. Por último, eliminamos el segundo segmento de arco superfluo del círculo exterior y obtenemos nuestra abertura.

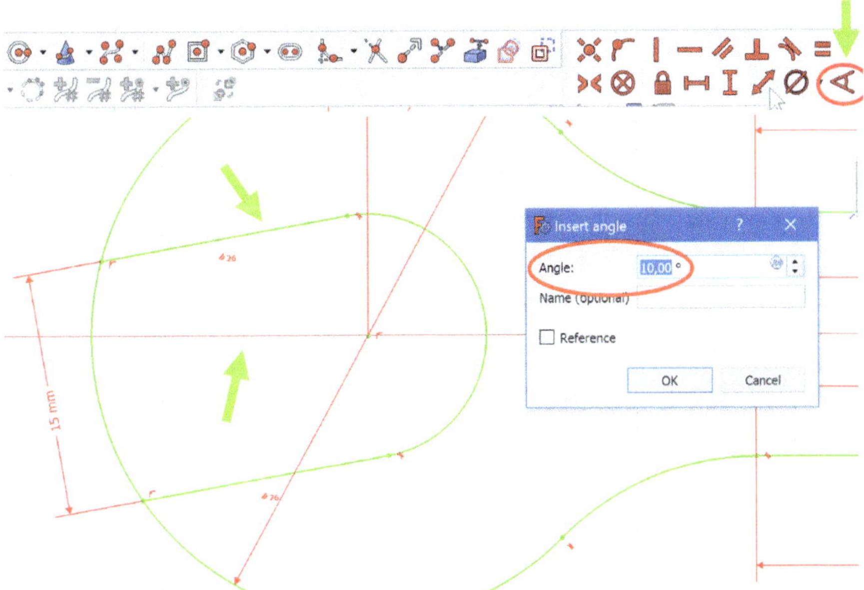

Al parecer, este proceso hizo que se perdiera una restricción, ya que el boceto vuelve a ser negro en la zona inferior. Añadimos una restricción vertical ("Constrain vertically") entre los dos puntos de los arcos tangenciales.

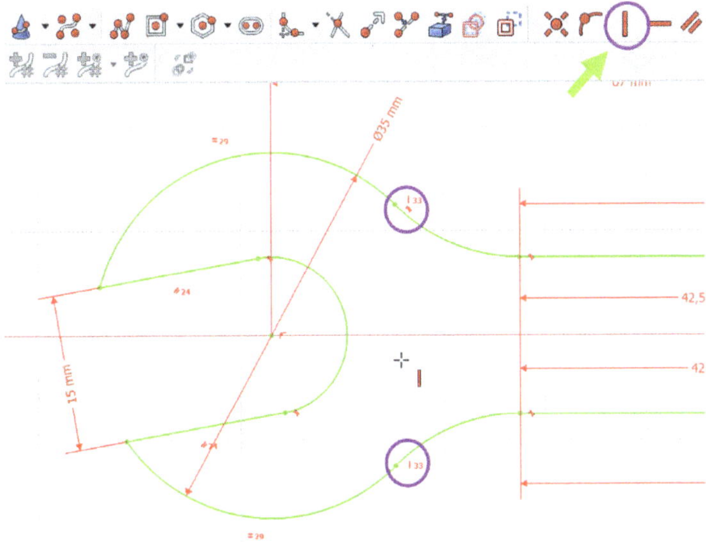

Hacemos el mismo procedimiento en el otro lado, sólo que las dimensiones son diferentes, aquí queremos una llave de tamaño 13. ¡No dudes en probarlo por tu cuenta! Si te quedas atascado en algún punto, puedes seguir el procedimiento de la página anterior.

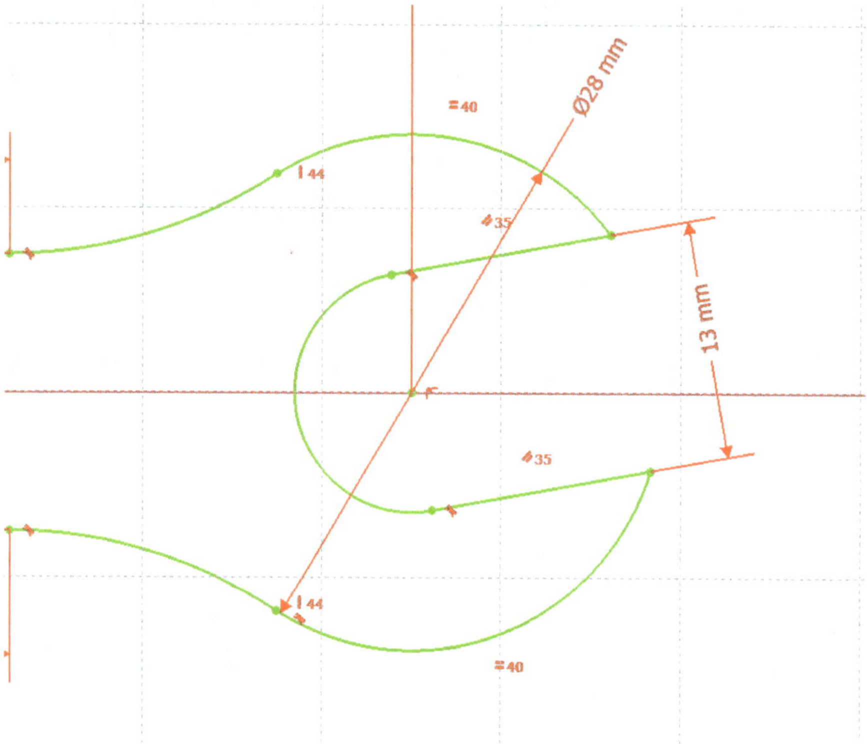

Perfecto. El perfil ya está terminado y podemos cerrar el croquis 2D.

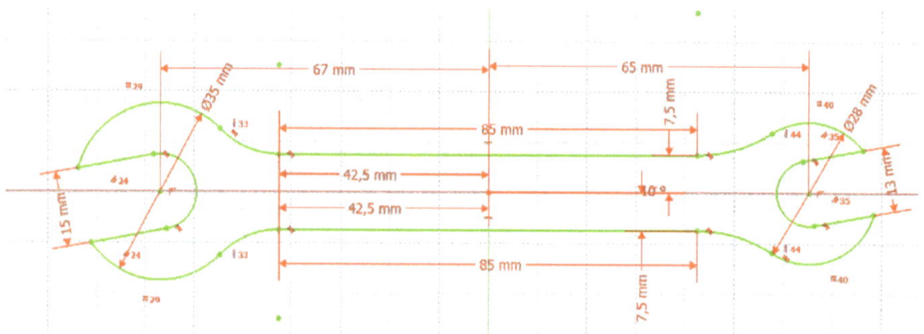

Ahora simplemente extruimos el perfil 6 mm. En este caso, sin embargo, extruimos 3 mm en cada dirección, es decir, seleccionamos la opción "Two dimensions" en el ajuste "Type". Hacemos esto para que el plano x-y del cuerpo 3D esté exactamente centrado dentro del cuerpo. Dentro de un momento veremos por qué lo necesitamos.

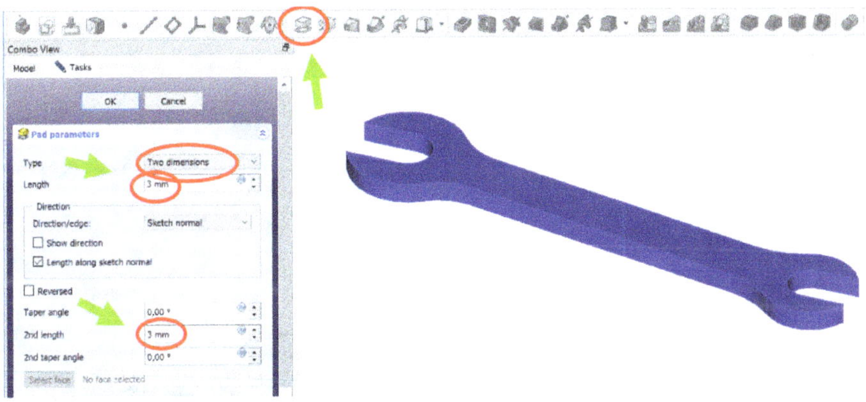

Ahora queremos añadir un rebaje o relieve en la zona central. Para ello, esbozamos una ranura en la superficie superior o inferior del modelo 3D con el comando "Create a Slot". Para verlo mejor, ocultamos el cuerpo 3D.

La longitud del agujero oblongo debe ser de 80 mm y la anchura de 10 mm. Además, uno de los dos puntos del agujero oblongo debe estar situado sobre la línea horizontal roja (eje x) y acotado con 40 mm respecto al origen de coordenadas, de modo que el agujero oblongo quede centrado.

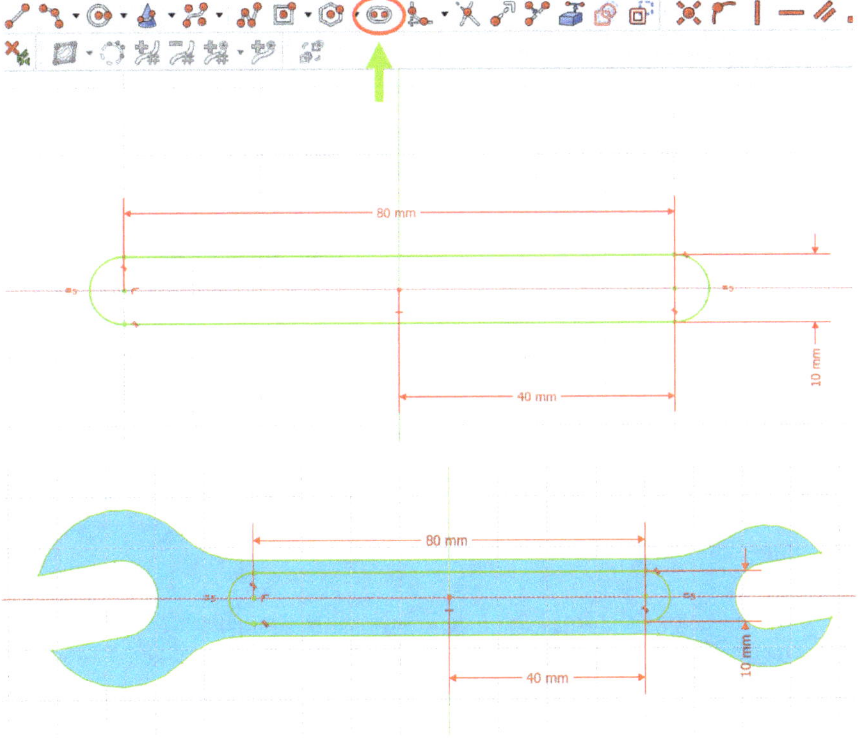

Después de cerrar el boceto, creamos un relieve de 1 mm de profundidad con el comando "Pocket".

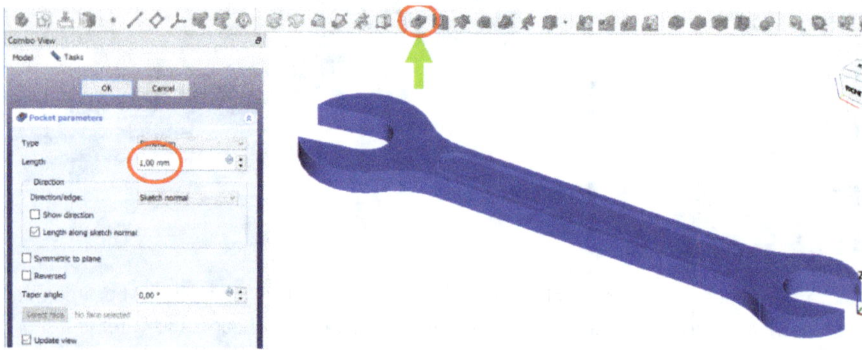

Como hemos construido la pieza simétricamente al plano x-y, ahora podemos simplemente reflejar este rebaje al otro lado utilizando el comando "Mirrored". Seleccionamos el hueco ("Pocket") en el árbol de estructuras y hacemos clic en el comando "Mirrored" de la barra de herramientas. A continuación, en los ajustes seleccionamos el plano x-y ("Base XY plane") para el plano de simetría ("Plane"). Por eso hicimos antes una extrusión en dos direcciones.

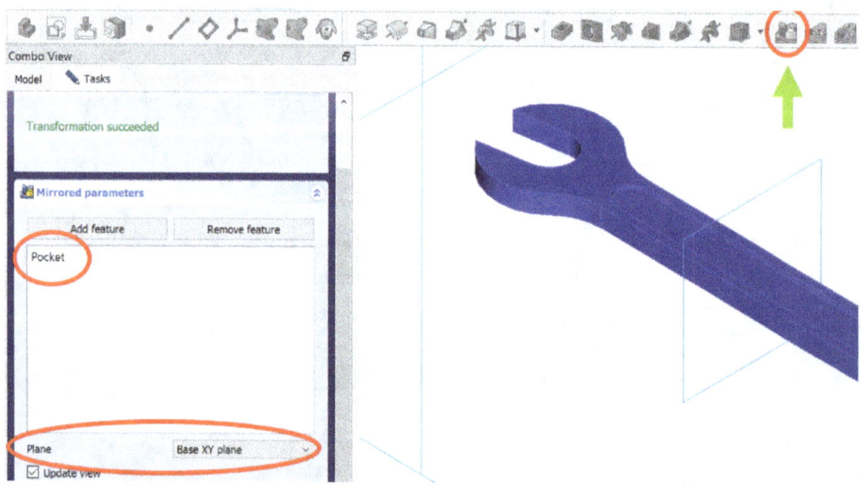

Luego redondeamos los cuatro bordes de la llave con 2 mm. Puedes seleccionar varias aristas manteniendo pulsada la tecla CTRL durante la selección.

Por último, redondeamos todos los bordes de las superficies superior e inferior de la tapa con un radio de 1 mm. Es mejor hacerlo en dos pasos separados.

Por supuesto, aún podemos cambiar la apariencia. Por ejemplo, podríamos elegir el material acero. La herramienta adquiere entonces un color metálico.

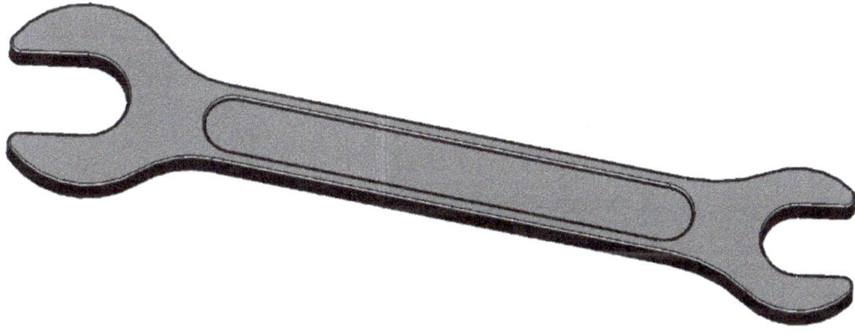

¡Excelente! Ahora la llave estaría lista para su uso. Espero que lo hayas disfrutado hasta ahora. Pero, por supuesto, éste no es el final de la historia. Más bien siguen ahora proyectos de construcción algo más complejos. ¡En marcha!

8 Proyecto nº 7: Rodamiento de bolas

¡Bienvenido de nuevo! El próximo proyecto de diseño será un rodamiento de bolas. Más concretamente, un rodamiento rígido de bolas de una hilera, que es uno de los rodamientos de bolas más conocidos y utilizados.

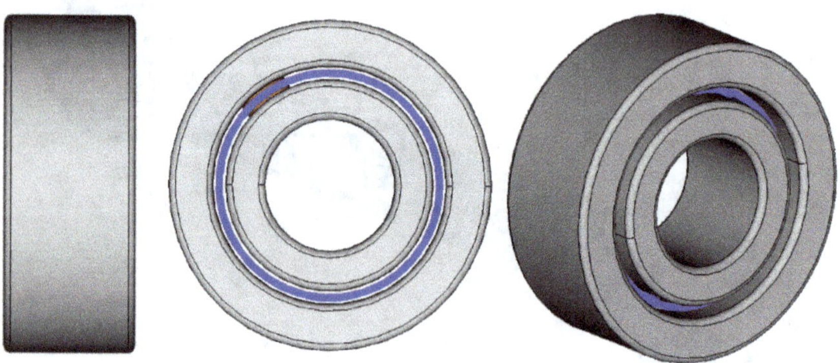

El rodamiento de bolas consta de cuatro componentes. Las crearemos una tras otra. Necesitamos un aro exterior, un aro interior, así como bolas y una jaula de bolas. La llamada jaula de bolas garantiza que las bolas permanezcan en la posición correcta.

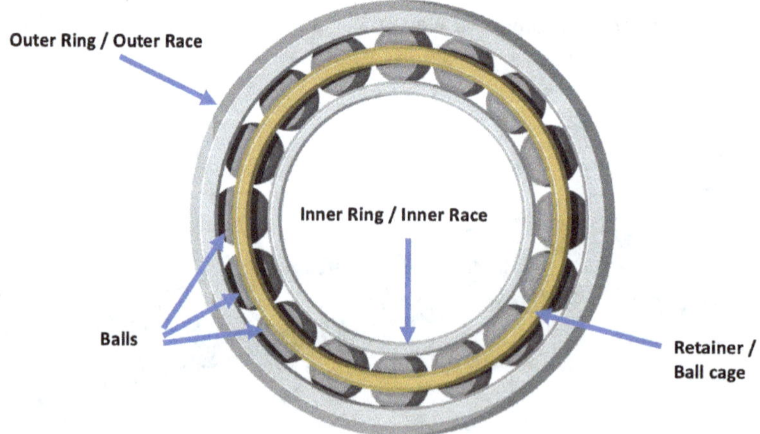

Empezamos con el primer componente, el anillo exterior del rodamiento de bolas, que crearemos con ayuda de una rotación. Para ello, primero necesitamos un croquis 2D, por ejemplo en el plano x-y. Dibujamos un rectángulo de 20 mm de ancho y 7 mm de alto sobre el eje x para la sección transversal del anillo exterior. Para ello, lo mejor es utilizar el comando "Centered rectangle", de modo que puedas situar el centro del rectángulo en el eje vertical verde del boceto. Por último, añadimos una medida de 25 mm desde el borde superior hasta el origen de coordenadas.

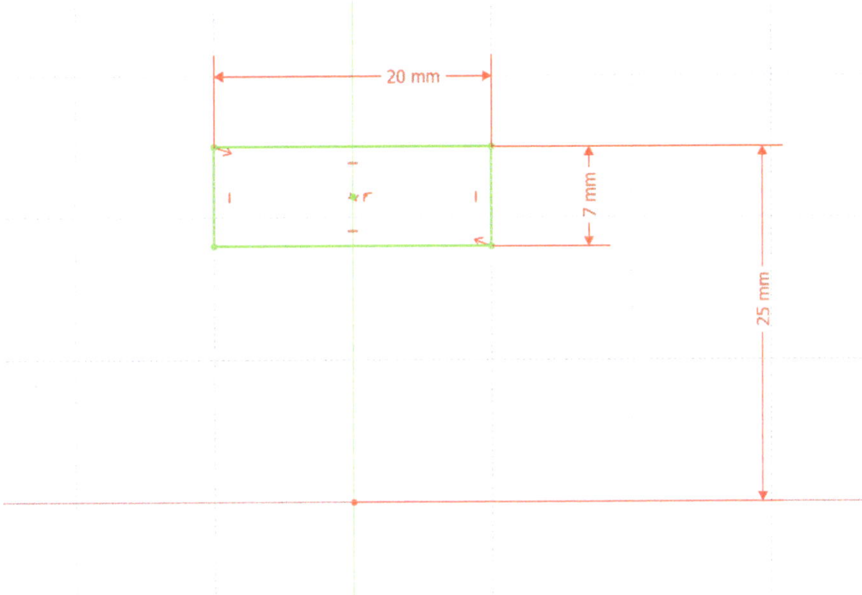

Luego hay que crear la pista de rodadura para las bolas. Para ello utilizamos un círculo, que colocamos como se indica y le damos un diámetro de 8 mm. Dimensionamos la distancia entre el centro del círculo y el borde superior del rectángulo como 7,8 mm.

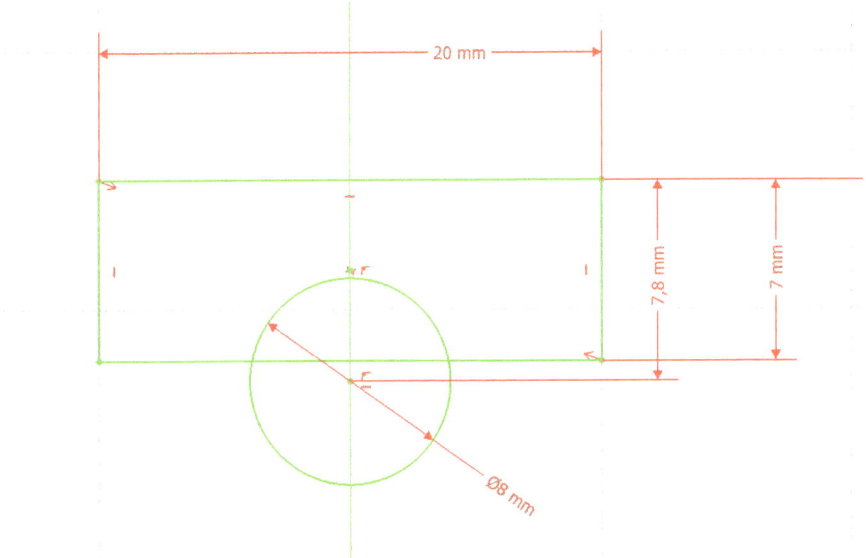

Después eliminamos dos secciones de perfil superfluas con el comando "Trim edge". Si como resultado se pierde la definición completa del boceto, puedes solucionarlo haciendo que las dos líneas laterales del rectángulo sean idénticas con el comando "Constrain equal".

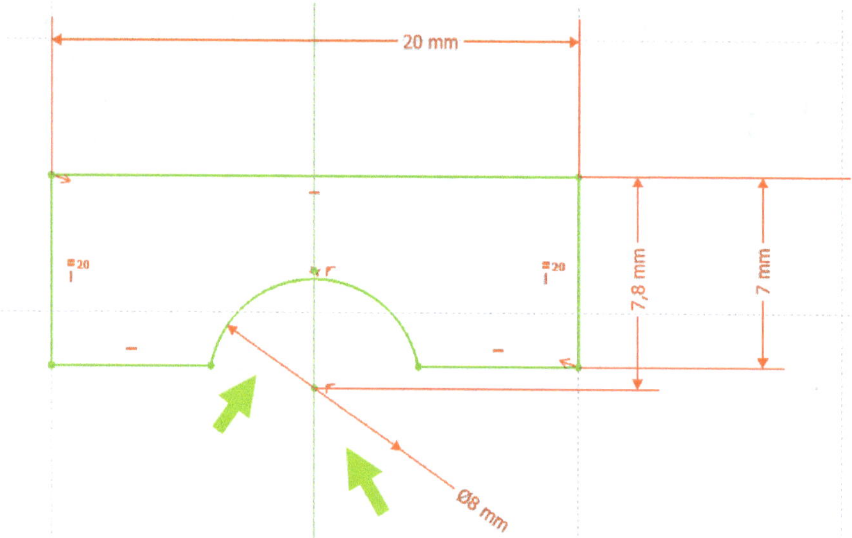

Como último paso, también podemos redondear los bordes de la pieza. Para ello, utilizamos el comando "Constraint-preserving sketch fillet" para crear filetes con un radio de 1 mm cada uno.

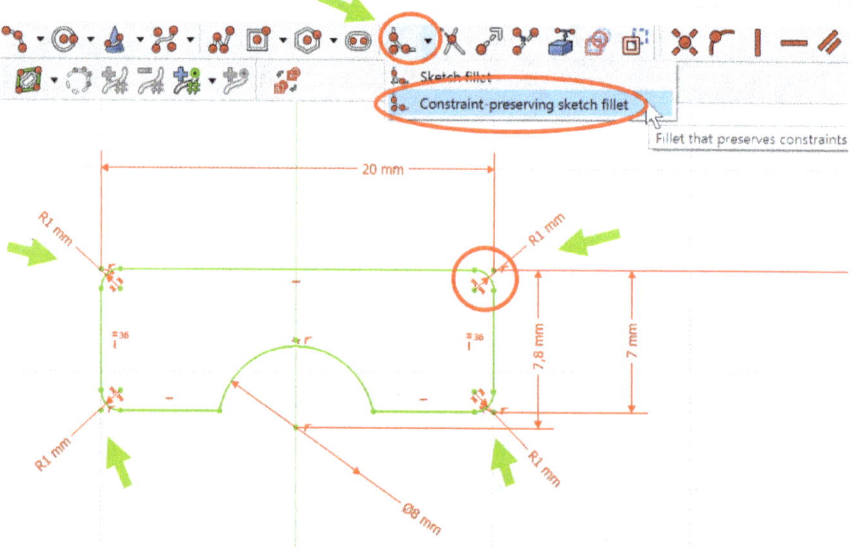

A continuación, el perfil de la sección transversal del anillo exterior está listo y se puede girar con el comando "Revolution" una vez finalizado el boceto. Para que el comando funcione, debemos seleccionar el eje x como eje de rotación en los ajustes.

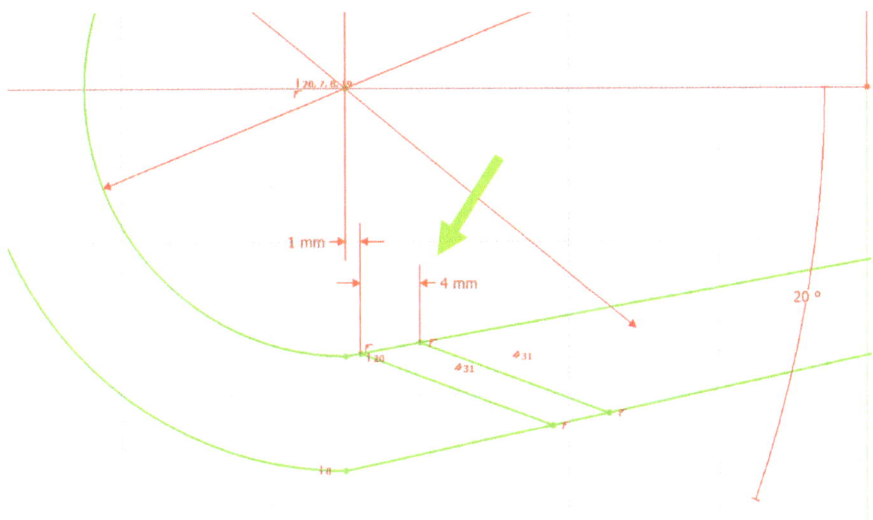

Para la segunda parte del rodamiento, que será el anillo interior, tenemos que crear un nuevo documento, ya que se trata de un componente independiente. Por tanto, guardamos el anillo exterior del rodamiento de bolas y cerramos el documento. Antes de hacerlo, podemos, por supuesto, si lo deseamos, cambiar el aspecto del componente. Podríamos colorearlo de plata, por ejemplo.

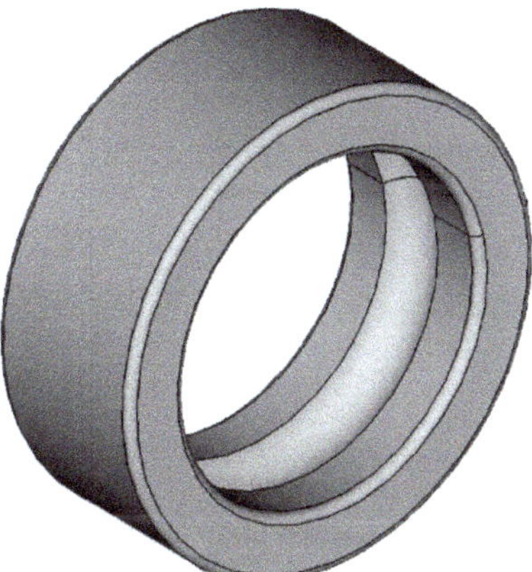

En el plano x-y del nuevo documento dibujaremos también -de forma análoga a la parte anterior- una geometría de sección transversal, que transformaremos en un componente 3D con "Revolution". Volvemos a empezar con un rectángulo que dimensionamos en 20 mm de ancho y 6 mm de alto. Definimos la distancia vertical entre el origen y el borde inferior del rectángulo como 16 mm.

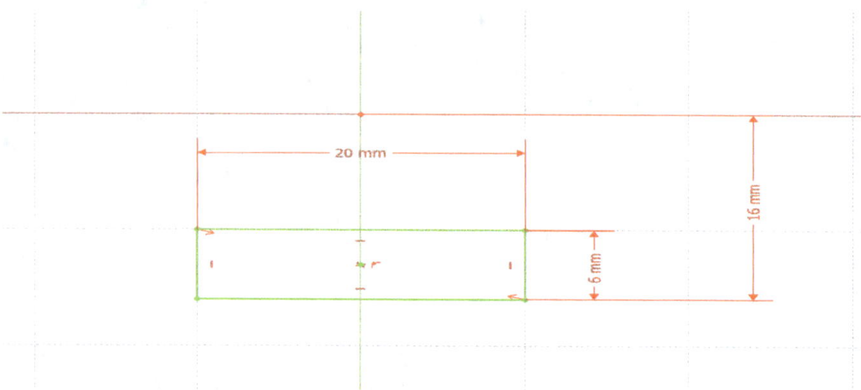

Luego esbozamos aquí también una pista para las bolas. Lo hacemos de forma similar al anillo exterior. El diámetro del círculo debe ser idéntico al del anillo exterior (8 mm). Una distancia de 6,8 mm entre el centro del círculo y el borde superior del rectángulo garantiza que las dos pistas de rodadura sean concéntricas entre sí.

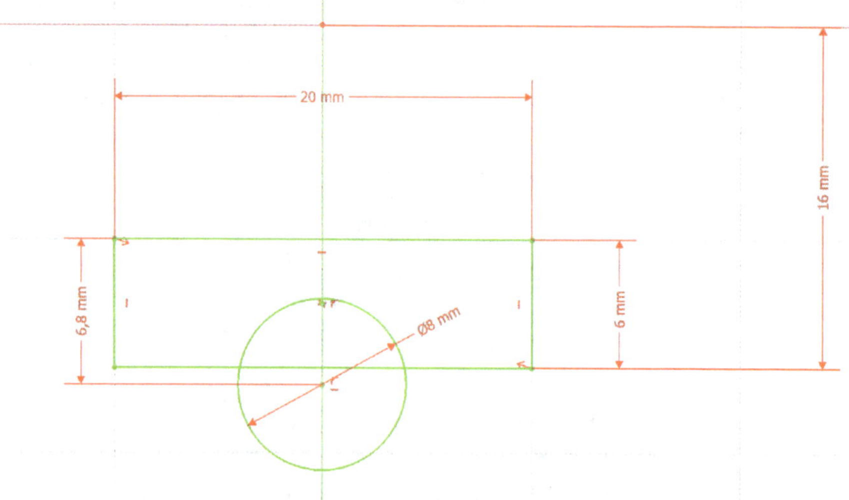

En los dos últimos pasos del boceto 2D, volvemos a eliminar las secciones superfluas del perfil, por un lado, y creamos filetes de 1 mm para las cuatro esquinas, por otro. Añade también todas las restricciones necesarias para una definición completa del croquis. El procedimiento es idéntico al del anillo exterior.

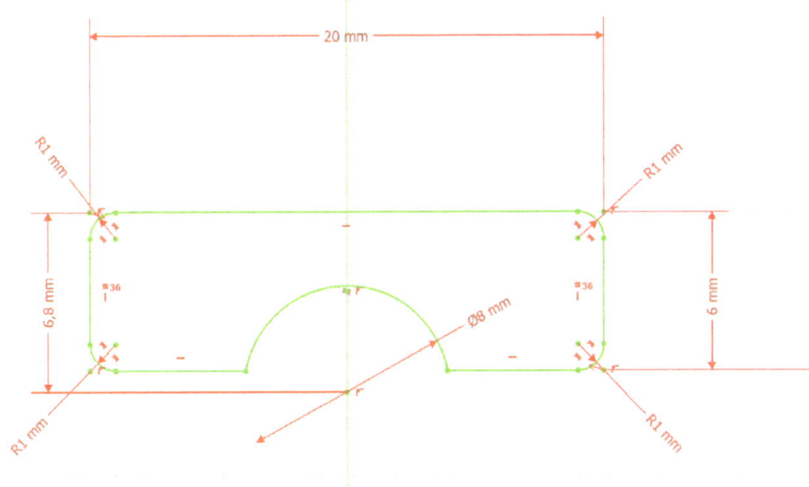

Después de cerrar el boceto, podemos hacer una rotación de 360 grados alrededor del eje x.

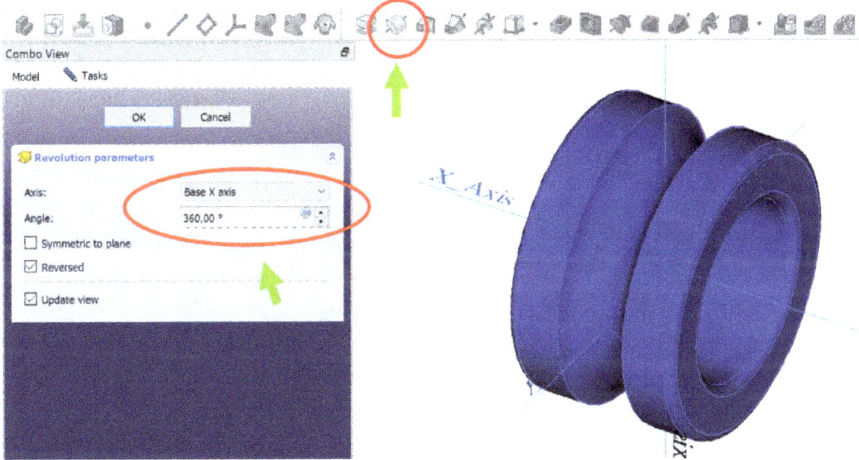

Entonces podemos -si lo deseamos- cambiar el aspecto de la pieza, guardarla y luego cerrarla.

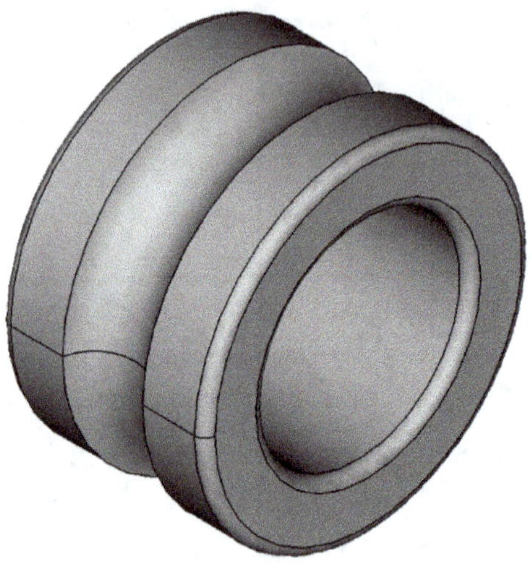

Para la siguiente pieza, la jaula de bolas, volvemos a crear un nuevo documento, un nuevo cuerpo y un croquis, por ejemplo en el plano y-z. Lo hacemos porque esta parte también es un componente independiente. Sin embargo, no crearemos esta pieza por rotación, sino por extrusión. Para ello, basta con trazar dos círculos, cada uno de los cuales debe partir del origen de coordenadas y tener un diámetro de 33 mm y 35 mm respectivamente.

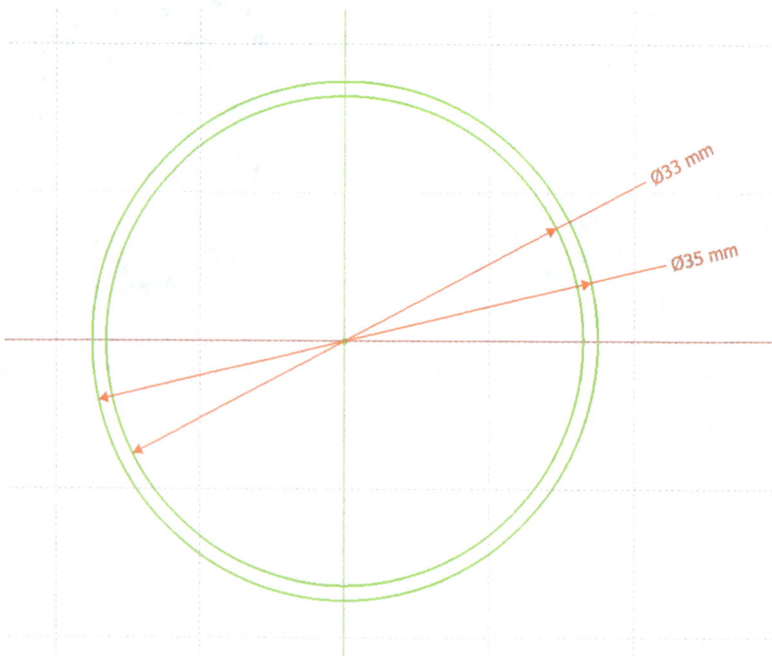

Después podemos cerrar el boceto y hacer una extrusión simétrica (comando "Pad" y ajuste "Two dimensions") con 6 mm de longitud por dirección.

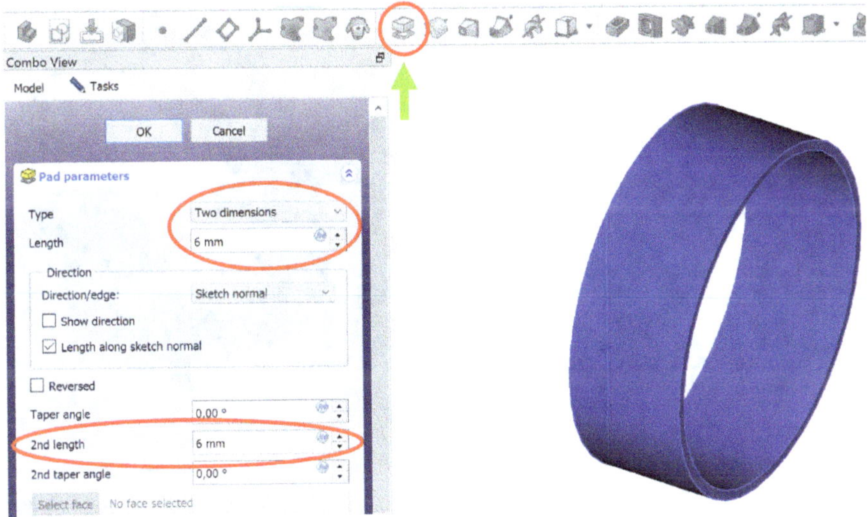

Ahora tenemos que añadir los agujeros donde se asentarán después las bolas. Para ello, simplemente creamos un recorte circular que debe ir desde el plano x-y hacia arriba a través del cuerpo. Para ello, dibujamos un círculo de 7,8 mm de diámetro en un croquis en el plano x-y. Para ello, podemos ocultar el cuerpo. El centro del círculo debe estar en el centro de las coordenadas.

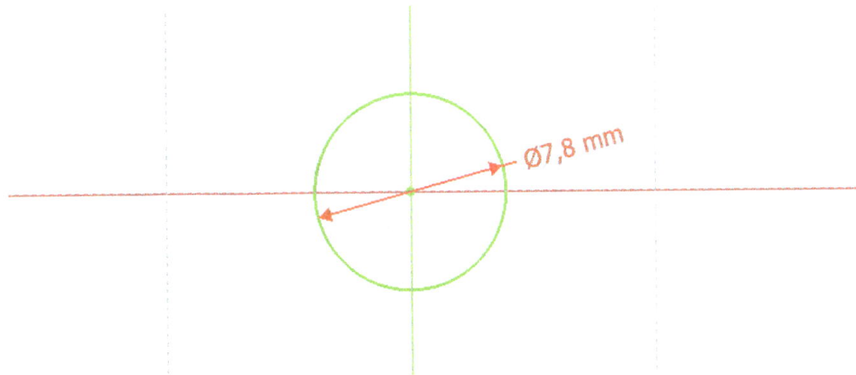

Después cerramos el boceto y utilizamos el comando "Pocket" y el ajuste "Up to face". Para ello, hacemos clic en la superficie del manto exterior del cuerpo. Entonces debería aparecer el recorte. Si el recorte aparece en la zona inferior en lugar de en la superior, podemos cambiarlo activando la opción "Reversed".

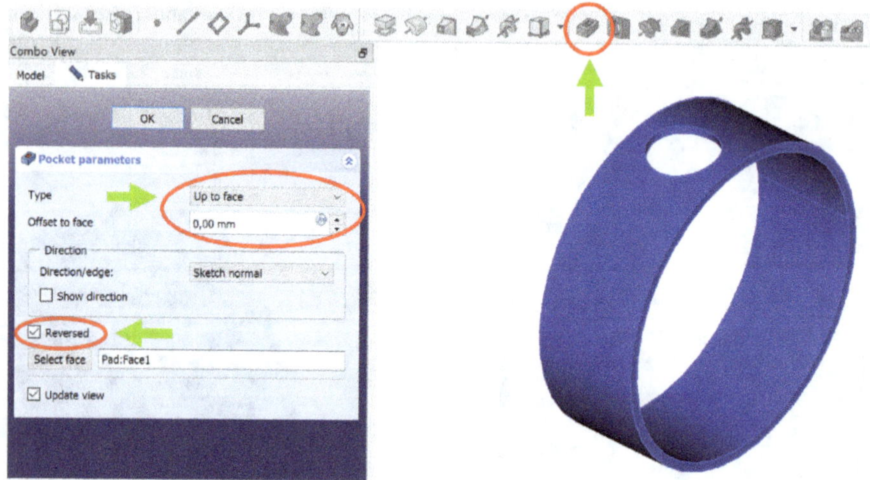

Necesitamos nueve agujeros más. Para crearlos fácil y rápidamente, utilizamos la función ya conocida "Polar Pattern". Para ello, primero hacemos clic en el árbol de estructura en la sección que acabamos de crear ("Pocket") y después en el comando "Polar Pattern". El eje para la creación del patrón debe ser el eje x ("Base X axis") y el número ("Occurrences") debe ser 10.

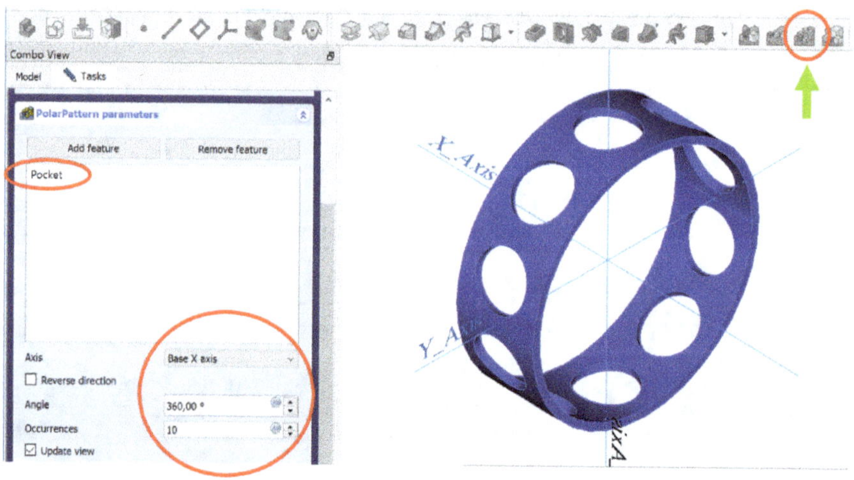

Entonces la jaula de bolas estará lista. Podemos dejar el color como está o cambiarlo. Guardamos el componente y cerramos el documento.

Antes de que podamos unir todos los componentes en un conjunto, queremos crear el último componente, la esfera. Necesitamos esta esfera diez veces, pero sólo tenemos que construirla una vez y luego simplemente insertarla diez veces en el montaje.

Para la esfera, dibujamos un semicírculo de 8 mm de diámetro en un documento nuevo y un croquis en el plano x-y. El centro del semicírculo debe estar en el origen de coordenadas. Además, necesitamos una línea de conexión en la zona inferior.

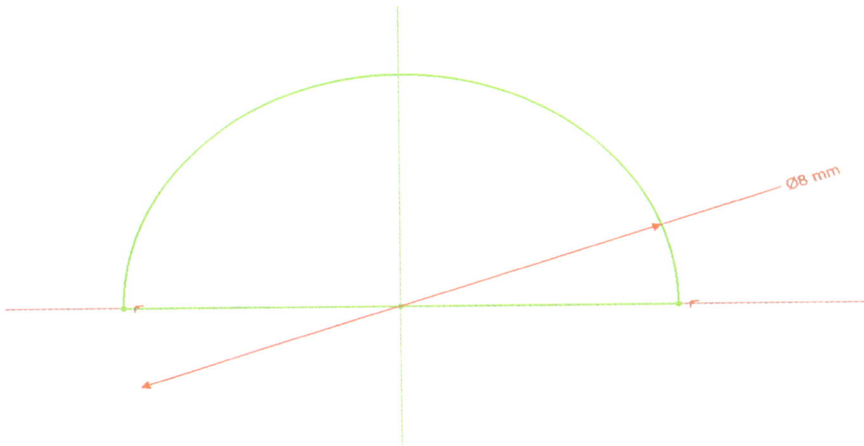

A continuación, podemos girar este boceto alrededor del eje x para crear una esfera.

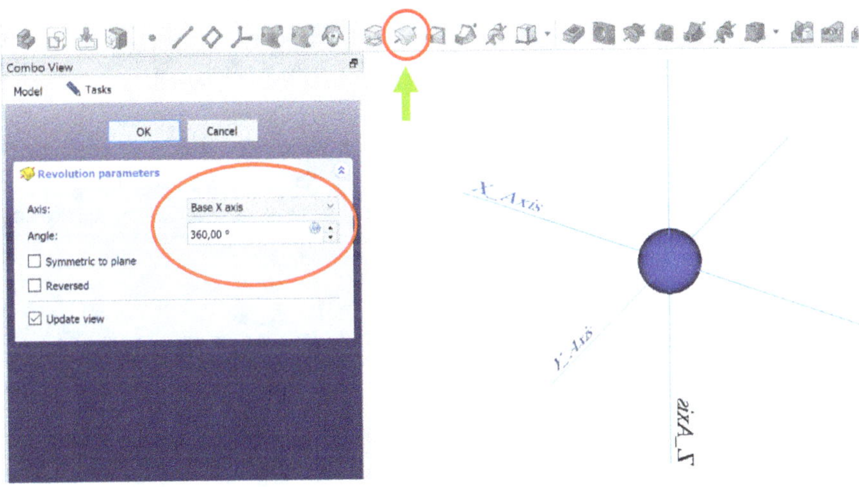

Después de haber cambiado el aspecto de la esfera según nuestros deseos, guardamos también este documento.

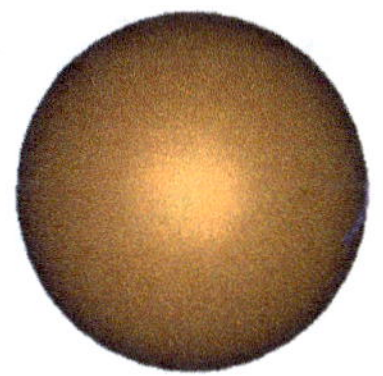

Ahora hemos creado todas las piezas individuales del rodamiento de bolas y podemos atrevernos a ensamblar estas piezas individuales. Para el montaje del rodamiento de bolas creamos un nuevo documento y pasamos al espacio de trabajo "A2plus". En este espacio de trabajo añadimos -como es habitual- el primer componente, que en este caso debe ser el anillo interior del rodamiento de bolas. Utilizamos el comando "Add a part from an external file".

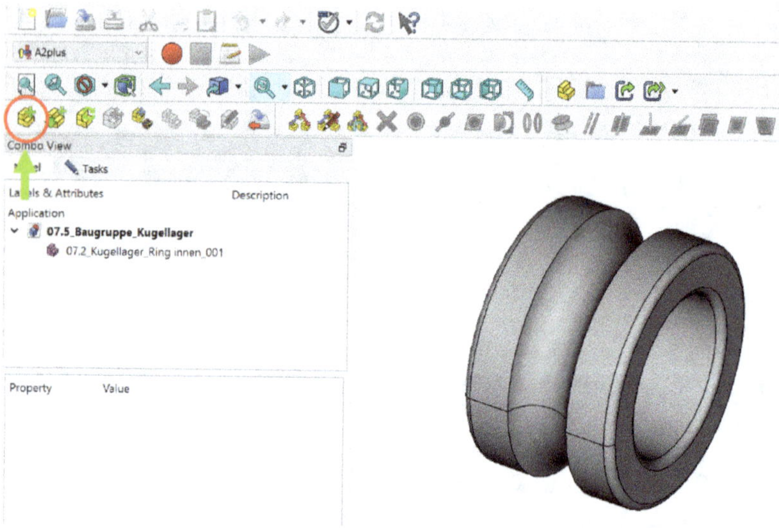

A continuación, añadimos la jaula esférica del mismo modo y la colocamos en cualquier lugar del espacio de trabajo. Para la primera conexión de las dos piezas, seleccionamos las dos superficies del armazón -como se muestra- y añadimos una restricción concéntrica con el comando "Add axis Coincident constraint".

Para que la jaula de bolas quede centrada en el anillo interior del rodamiento de bolas, en el siguiente paso seleccionamos las dos caras laterales de las piezas individuales y hacemos clic en el comando "Add plane coincident constraint".

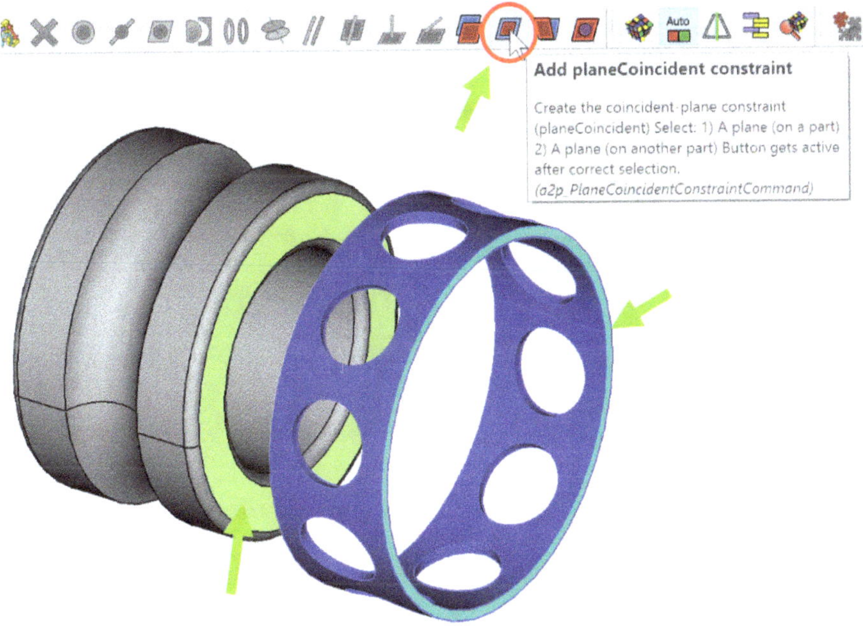

Necesitamos un desplazamiento de -4 mm para que la jaula de bolas quede centrada.

A continuación, añadimos una bola al conjunto y la vinculamos a la jaula de bolas seleccionando la bola y la superficie lateral interior de un agujero y, a continuación, seleccionando el comando "Add pointOnLine constraint".

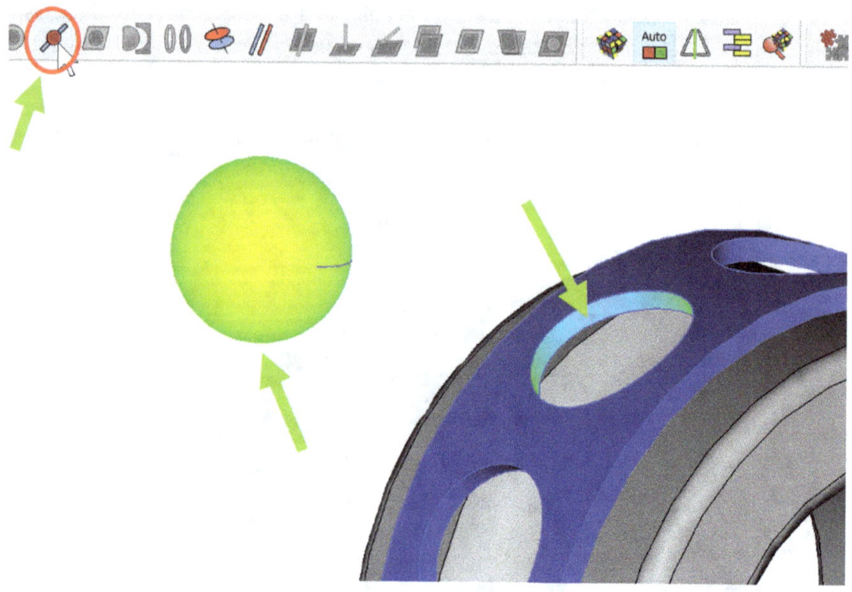

Con la ayuda del botón "Move the selected part under constraints" podemos entonces mover la bola a la posición deseada.

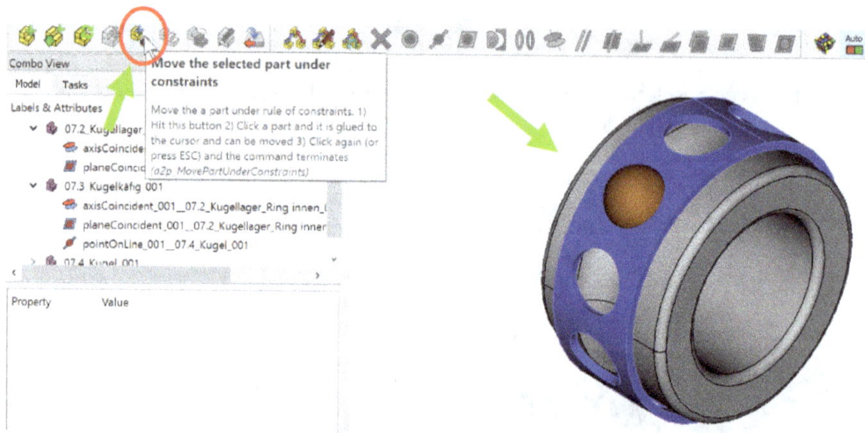

Ahora tendríamos que repetirlo del mismo modo para las otras nueve bolas. Puedes hacerlo por tu cuenta. Continuaremos con el anillo exterior del rodamiento de bolas. Primero lo añadiremos al montaje.

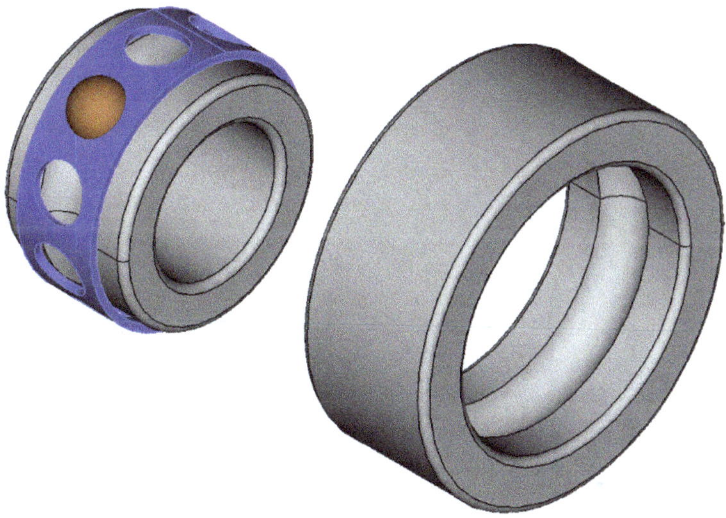

La unión se hace ahora de la misma manera que la unión entre la jaula de bolas y el anillo interior del rodamiento de bolas. La única diferencia aquí es que no necesitamos un desplazamiento. No dudes en probarlo por tu cuenta. Por cierto, este método de enlace también suele llevar a la meta con otros montajes.

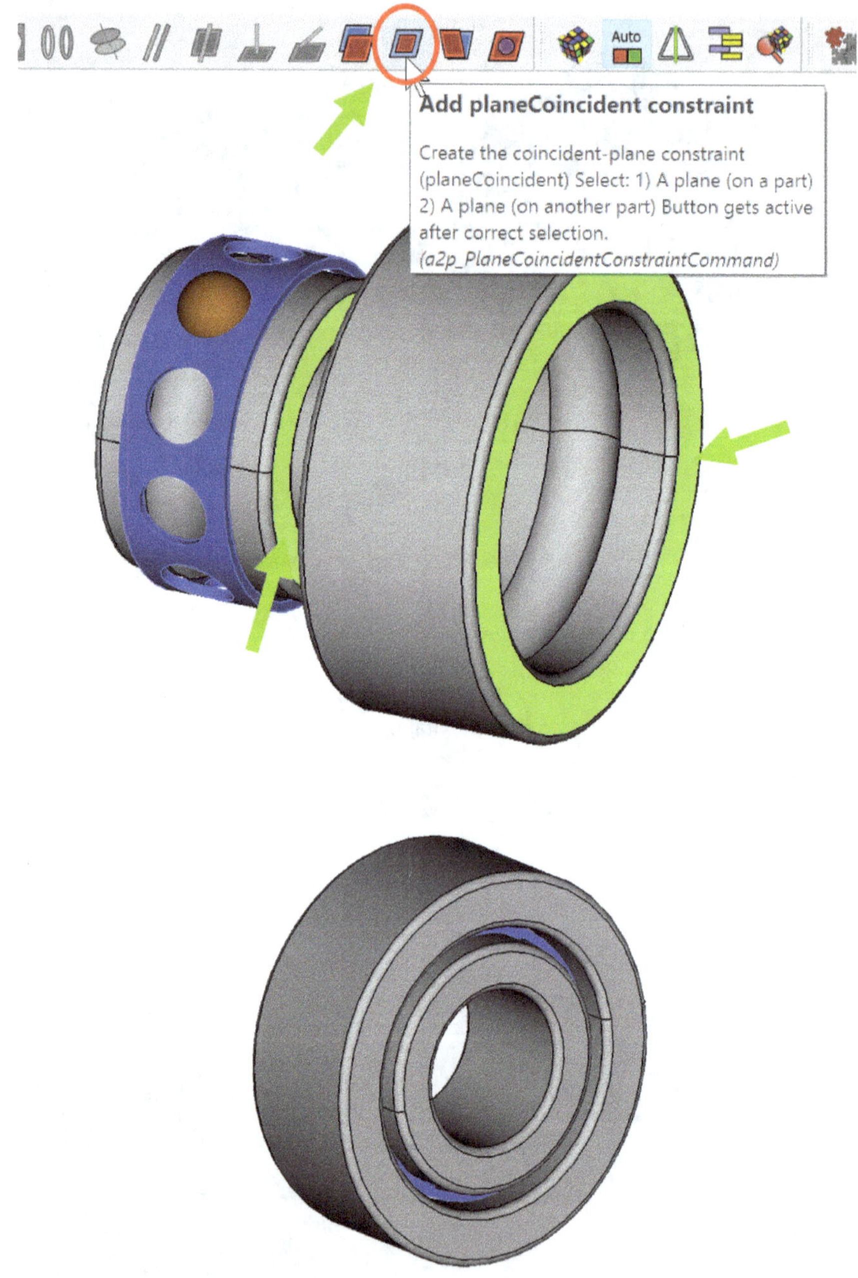

El próximo proyecto de construcción será una regadera, antes de construir un mando a distancia. Así que ¡todavía nos queda mucho por hacer! Sigamos adelante.

9 Proyecto nº 8: Regadera

Ahora pasemos al siguiente proyecto de diseño. En ésta queremos construir una regadera de diseño.

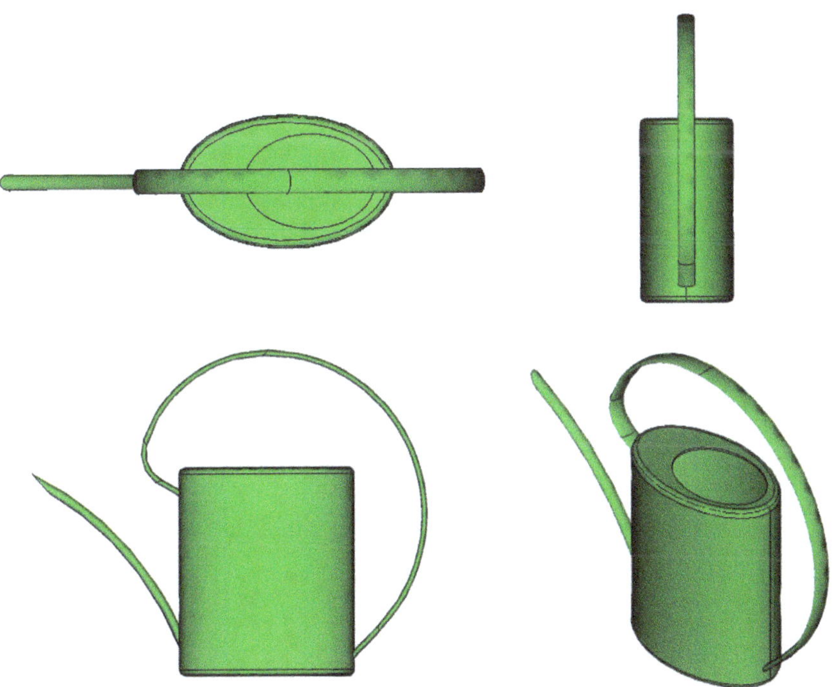

Si desglosamos mentalmente la regadera terminada en sus partes individuales, veremos que necesitamos un cuerpo de base ovalada y hueca con un rebaje en la zona superior, así como un cuello en la zona delantera y un asa. Más adelante añadiremos los dos últimos elementos al cuerpo básico.

Siempre es muy útil imaginar cuerpos básicos individuales y pensar en cómo construirlos. Creamos un boceto 2D en el plano x-y para el cuerpo ovalado básico que queremos crear con ayuda de una extrusión. En el croquis 2D seleccionamos el comando "Ellipse by center, major radius, point" y luego hacemos clic sucesivamente en el origen de coordenadas, en el eje horizontal rojo (eje x) y finalmente en cualquier punto del plano de dibujo.

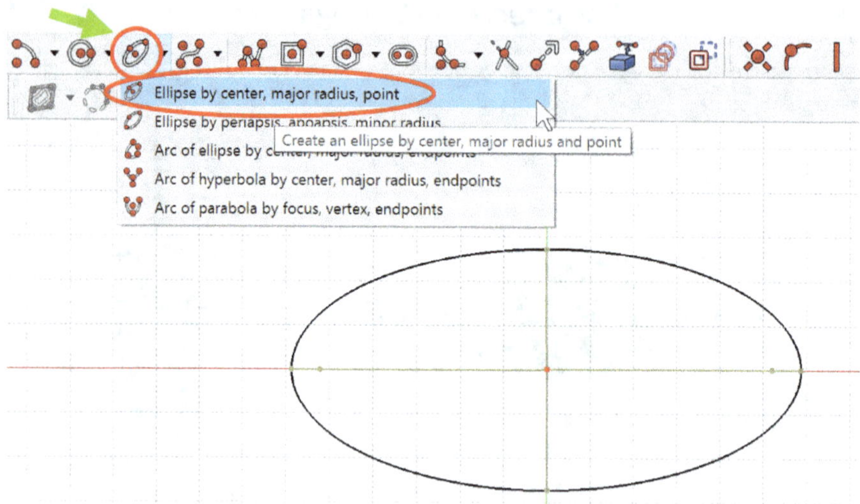

A continuación, dimensionamos la anchura de la elipse en 140 mm y la altura en 85 mm.

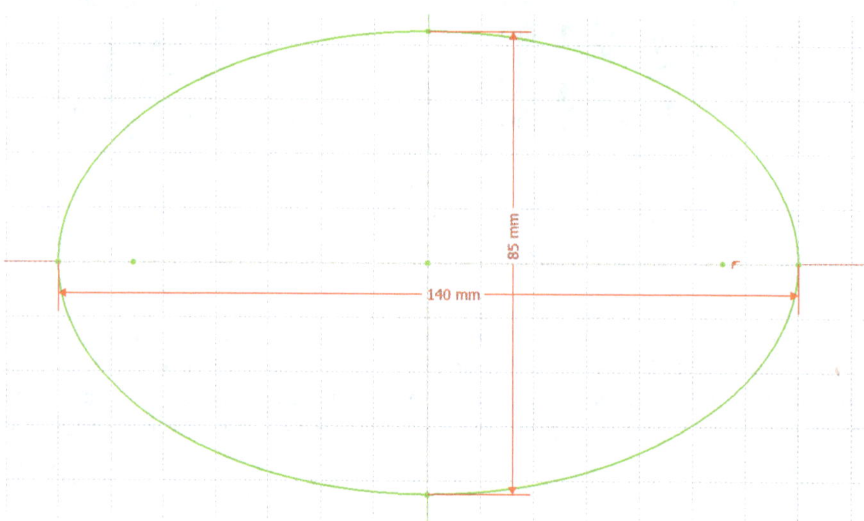

Ahora podemos terminar el esquema 2D. Ahora utilizamos la función "Pad" como de costumbre para crear el cuerpo básico. La regadera debe tener 160 mm de altura.

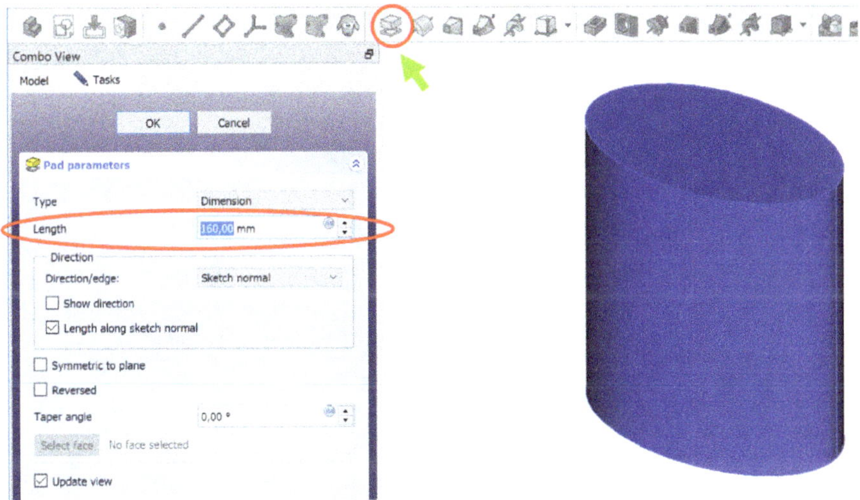

Para poder fijar el cuello delantero de la regadera, en el siguiente paso creamos primero un plano paralelo al plano y-z con una distancia de 65 mm. Lo hacemos con el comando "Create a datum plane". Introducimos la cota de -65 mm en la opción "In z-direction". Utilizamos esta medida porque el cuello tiene que empezar ligeramente dentro de la regadera para garantizar una transición correcta, como veremos más adelante.

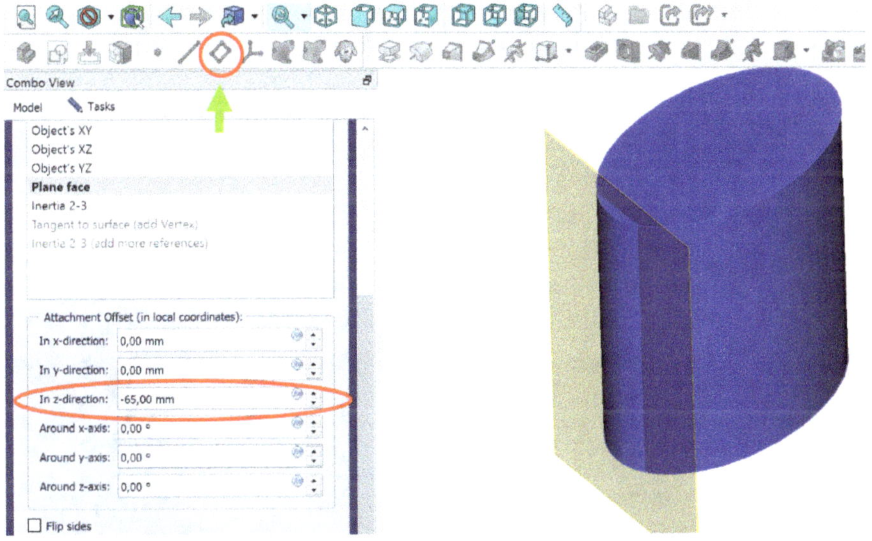

Sobre este plano esbozamos de nuevo una elipse como perfil básico para el cuello de la regadera. El centro de esta elipse debe estar en el eje vertical del croquis y 20 mm por encima del fondo de la regadera. Las dimensiones de la elipse deben ser las siguientes: 10 mm de ancho y 20 mm de alto. Es mejor ocultar el cuerpo básico antes de dibujar.

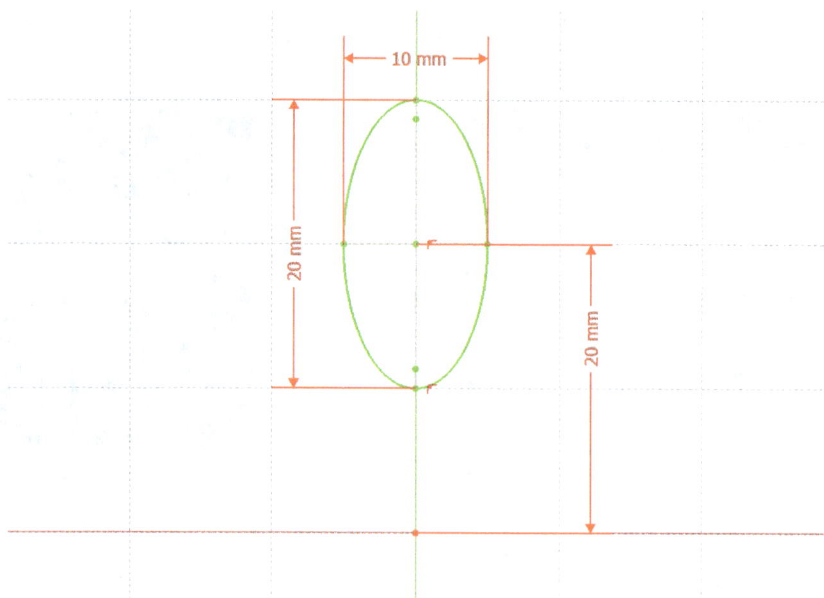

Entonces podremos terminar el boceto. Queremos crear el cuello de la regadera utilizando la función "Additive Pipe".

Como recordarás del curso para principiantes, para esta función siempre necesitamos un perfil y una ruta. Antes de dibujar esta trayectoria, añadimos el límite frontal del cuello de la regadera.

Para ello, creamos otro plano que debe ser paralelo al plano y-z con una distancia de -180 mm.

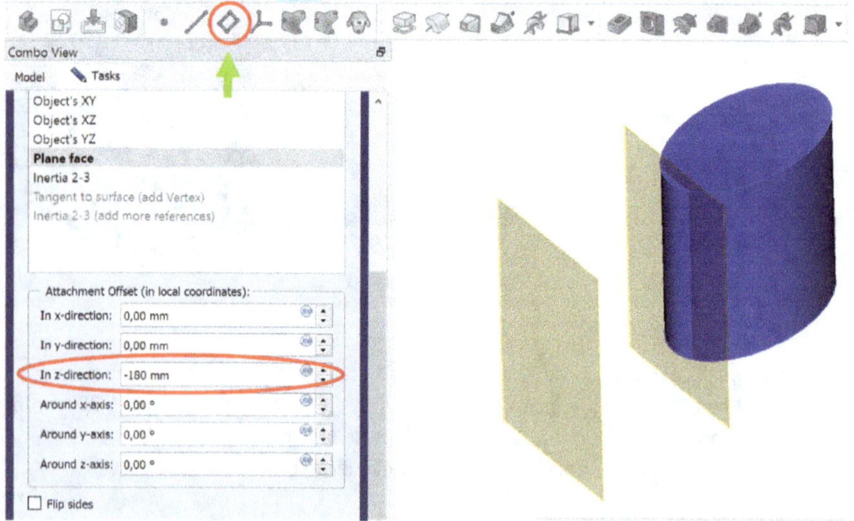

Sobre este plano dibujamos otra elipse, que debe tener 8 mm de ancho y 10 mm de alto. Además, el centro de la elipse debe estar situado en el eje de trazado verde y tener una distancia de 150 mm desde el origen de coordenadas.

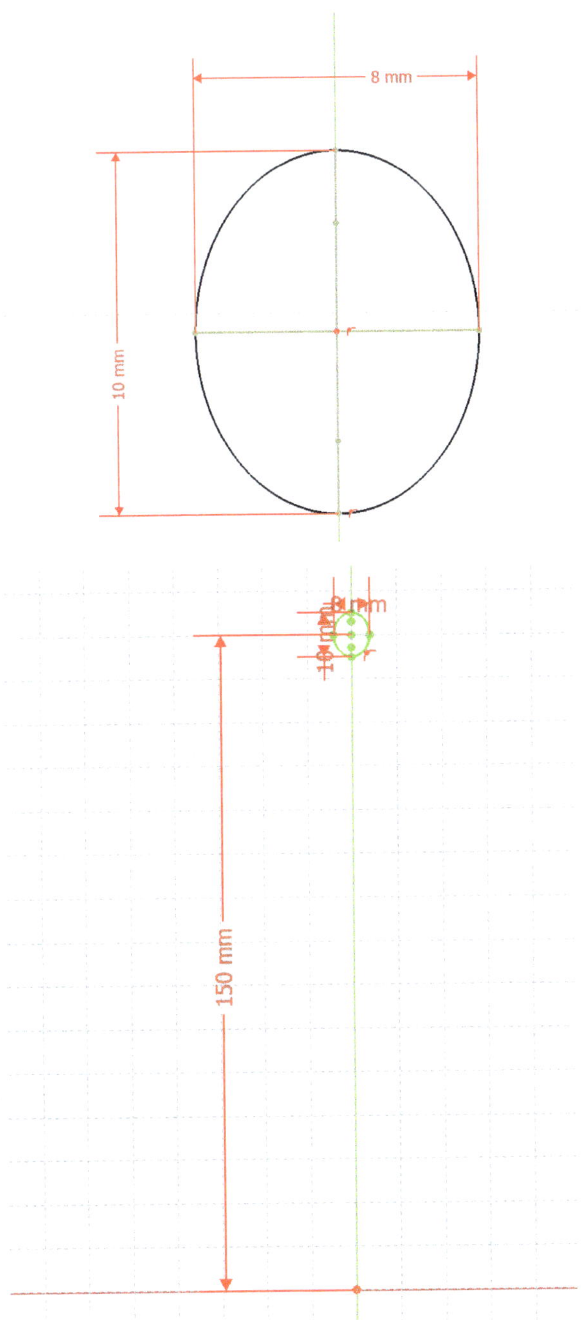

Una vez finalizado este croquis, podemos iniciar un nuevo croquis en el plano x-z en el que dibujaremos la trayectoria para el comando "Additive Pipe". La trayectoria consiste en un segmento de arco ("End points and rim point") al que añadimos las siguientes dimensiones. Las cotas tienen como punto de referencia el origen de coordenadas (excepto el radio).

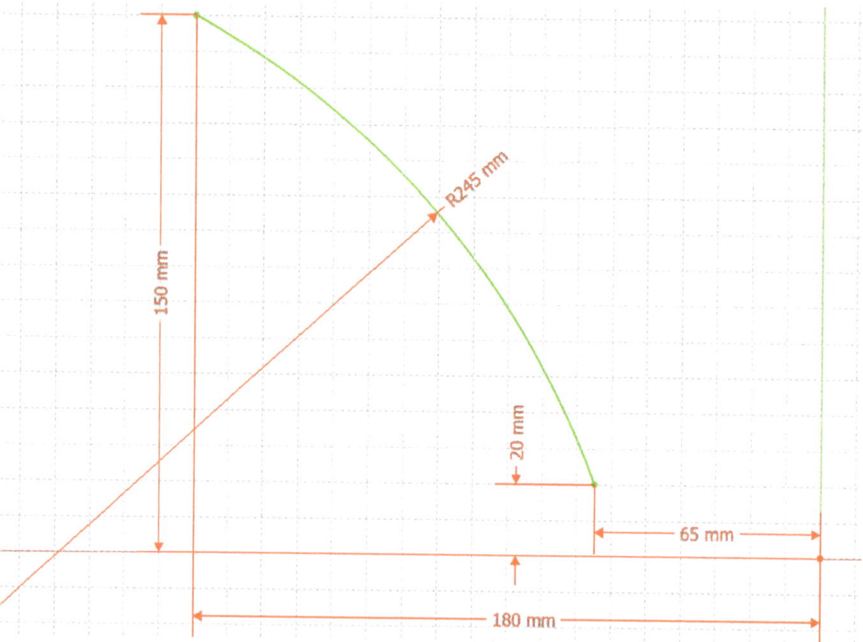

Entonces también podremos terminar este boceto. Para ejecutar el comando, primero seleccionamos los dos bocetos con las elipses en el árbol de estructuras y luego hacemos clic en el comando "Additive Pipe" de la barra de herramientas.

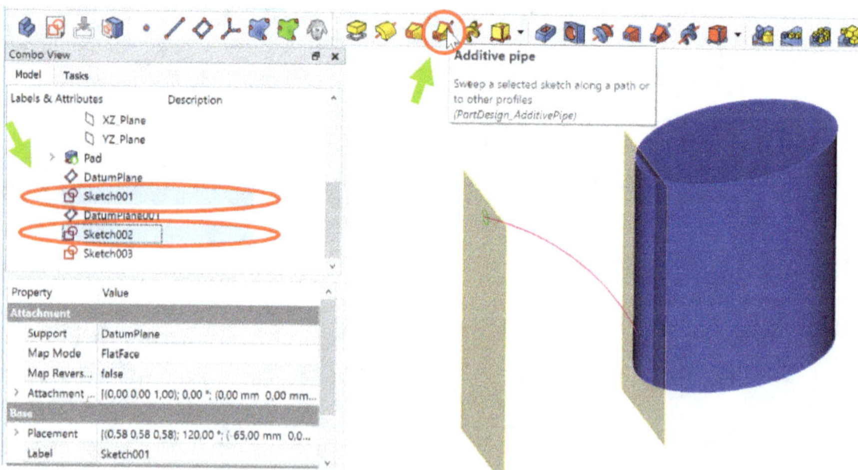

En el siguiente paso tenemos que determinar la trayectoria para el comando haciendo clic en el botón "Object" en los ajustes del campo "Path to sweep along" y seleccionando después el arco dibujado en el plano de dibujo. A continuación, el programa debe crear el cuerpo como se desee.

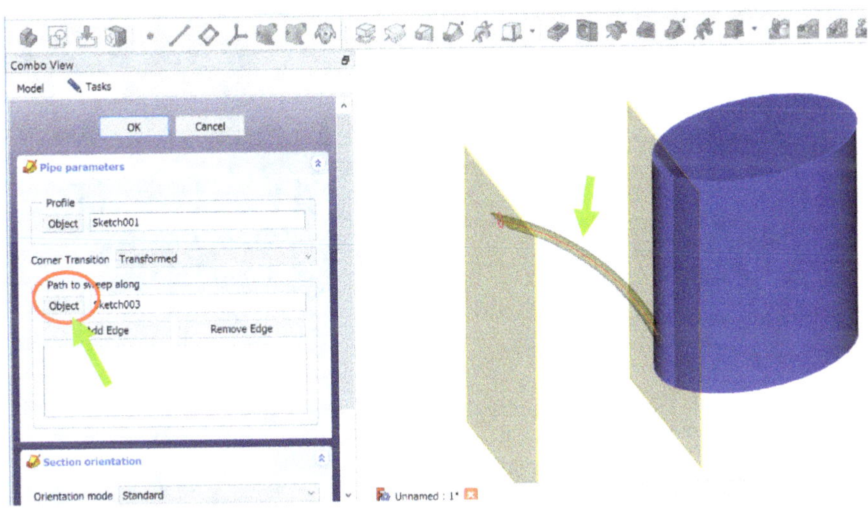

Después, queremos ahuecar el cuerpo base. ¿Cómo lo hacemos? Exacto, ¡con el comando "Thickness"! Para ello, selecciona primero la superficie superior y la superficie superior del cuello del bote (mantén pulsada la tecla CTRL) y luego haz clic en el comando de la barra de herramientas.

Necesitamos un grosor de pared de 1,5 mm.

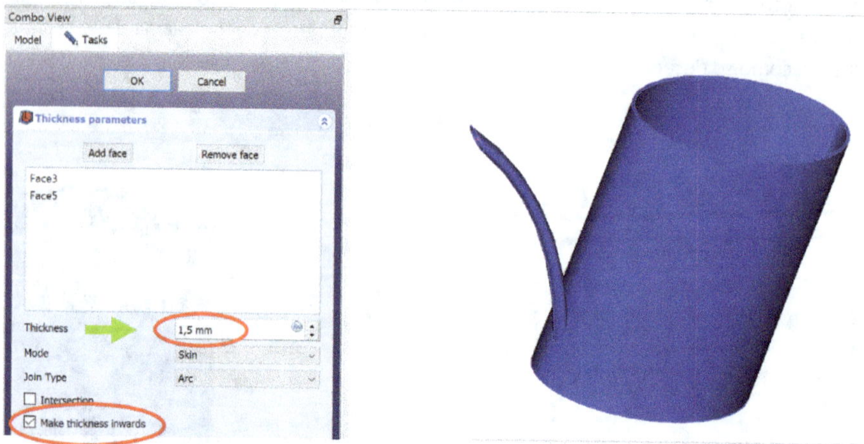

En el siguiente paso creamos una tapa que incluya una abertura de llenado. Para ello, dibujamos el siguiente perfil en un nuevo croquis en el borde superior de la regadera.

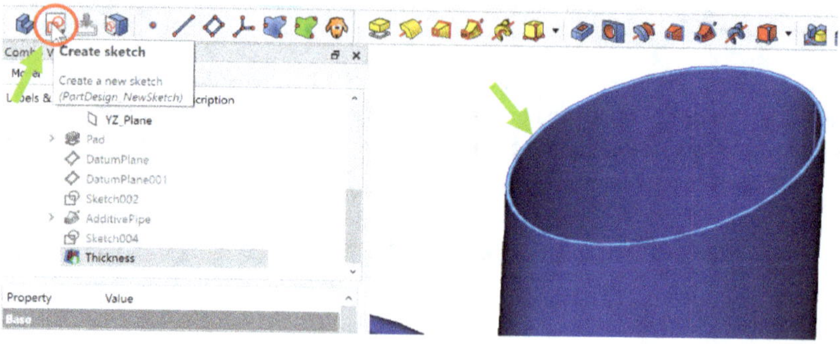

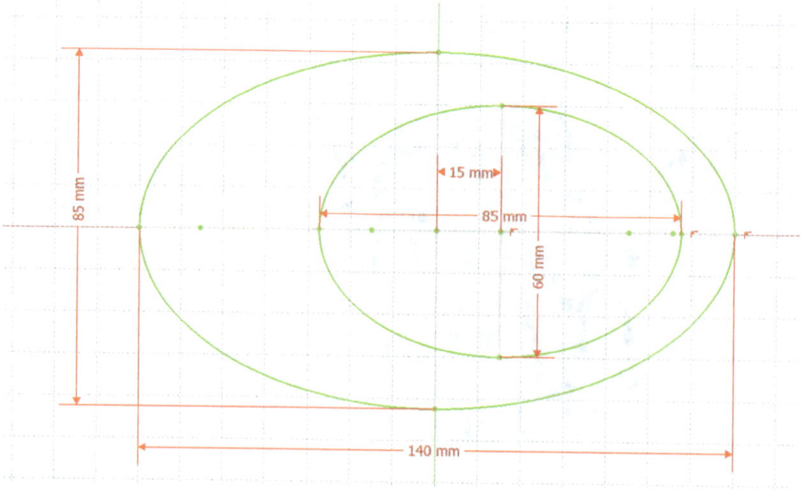

Con la ayuda del perfil y la función "Pad" creamos una extrusión de 1,5 mm de altura.

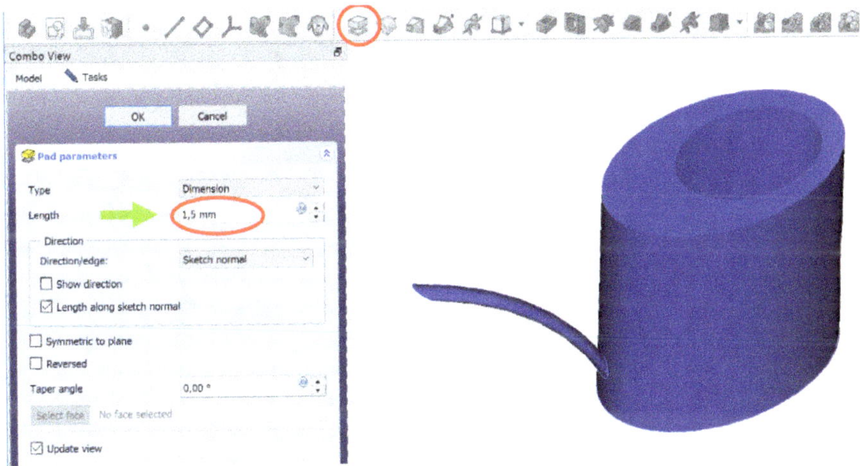

Ahora estamos muy lejos, sólo falta el asa. Creamos el asa de forma similar al cuello de la regadera. De nuevo utilizamos la función "Additive Pipe". Como perfil dibujamos una elipse en la zona posterior sobre un plano "Offset", que debe tener una distancia de 68 mm al plano y-z.

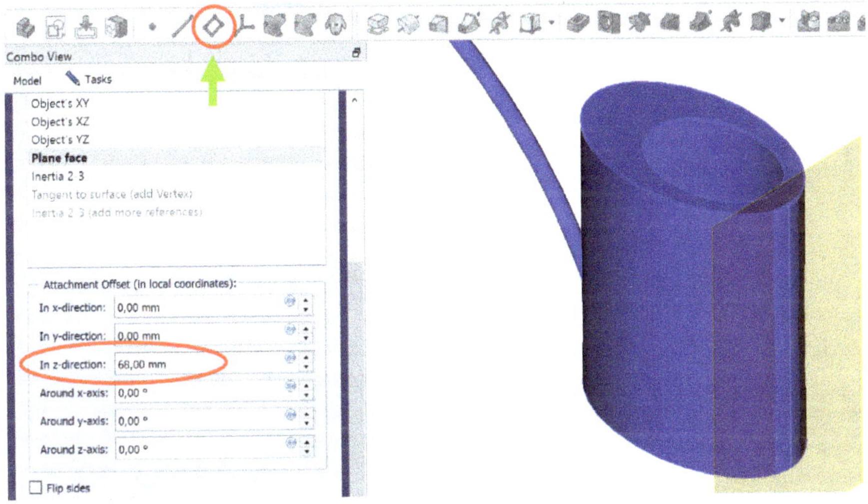

La elipse que dibujamos en el plano de desplazamiento debe tener 15 mm de ancho y 7 mm de alto, y una distancia vertical desde el origen de 15 mm.

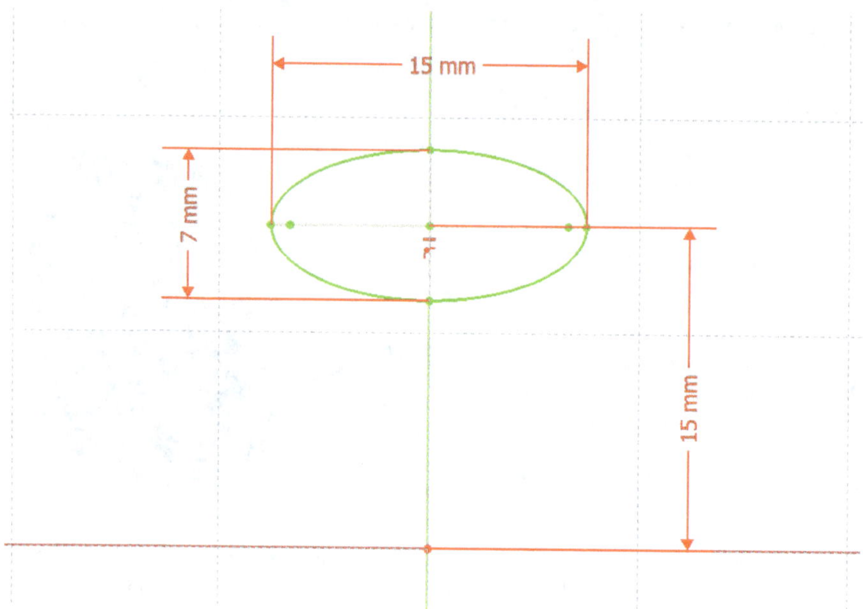

Terminamos el croquis y luego creamos la trayectoria iniciando un croquis en el plano x-z. El mango de la regadera debe tener un diseño relativamente cónico y curvo. Para ello, primero trazamos una línea simple que debe comenzar a 68 mm (horizontal) o 15 mm (vertical) del origen. Esta línea debe tener un ángulo de 135° respecto al eje de croquis rojo y una longitud de 30 mm.

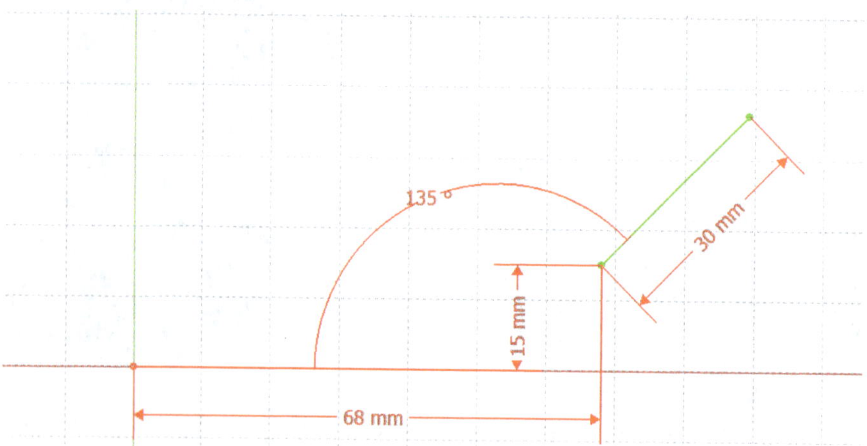

Para el recorrido posterior del asa dibujamos un perfil muy curvado. Para ello añadimos un arco de 3 puntos ("End points and rim point") entre el punto final de la línea de 30 mm de longitud y el eje vertical de trazado. En la zona inferior, el arco debe ser tangente a la línea (crea la restricción "Constrain tangent") y tener una distancia de 250 mm al origen de coordenadas.

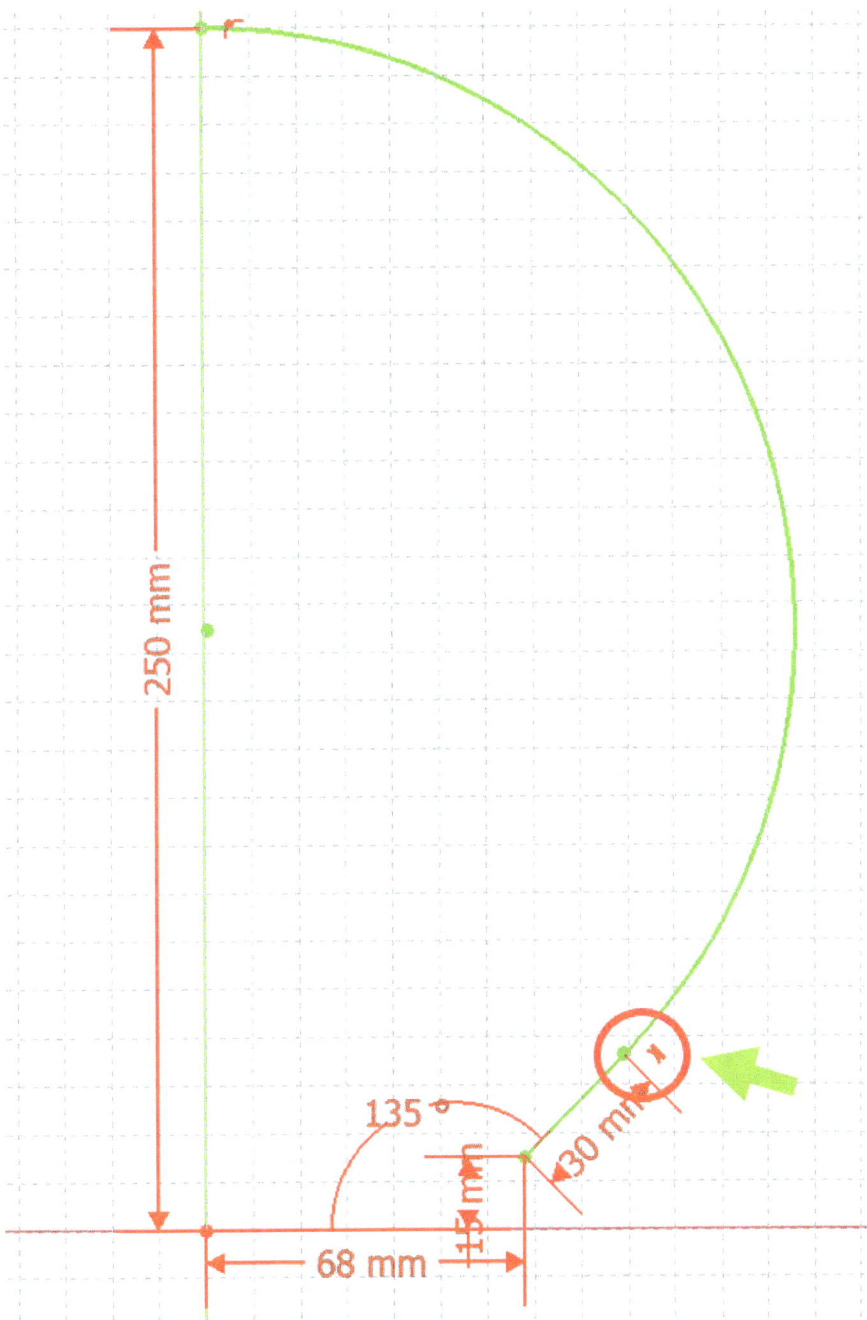

A continuación, añadimos otra línea en la zona delantera de la regadera. La línea debe tener una longitud de 40 mm, un ángulo de 30° respecto al eje horizontal de croquizado y una distancia vertical de 140 mm y horizontal de 66 mm respecto al origen de coordenadas.

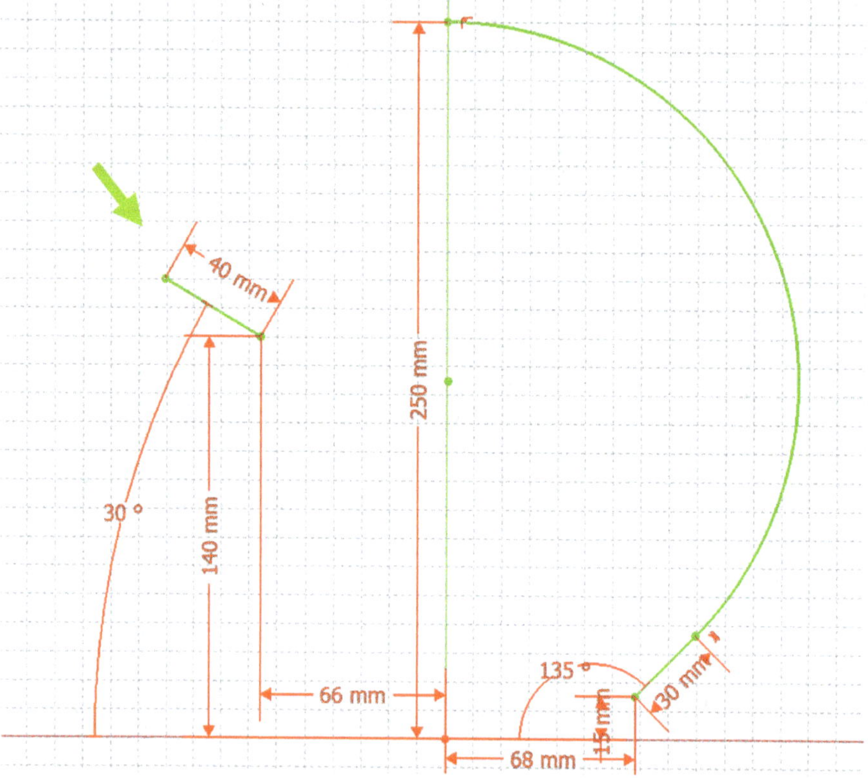

Completaremos la trayectoria con otro arco de 3 puntos ("End points and rim point"), que fijaremos en la zona del eje de croquizado vertical tangente al primer arco de 3 puntos.

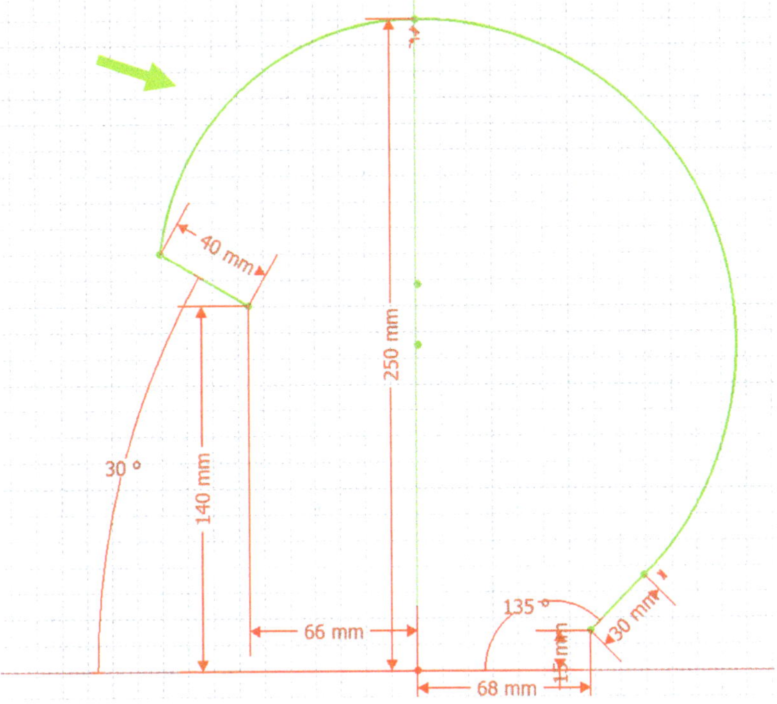

Redondeamos la zona frontal con el comando "Constraint-preserving sketch fillet".

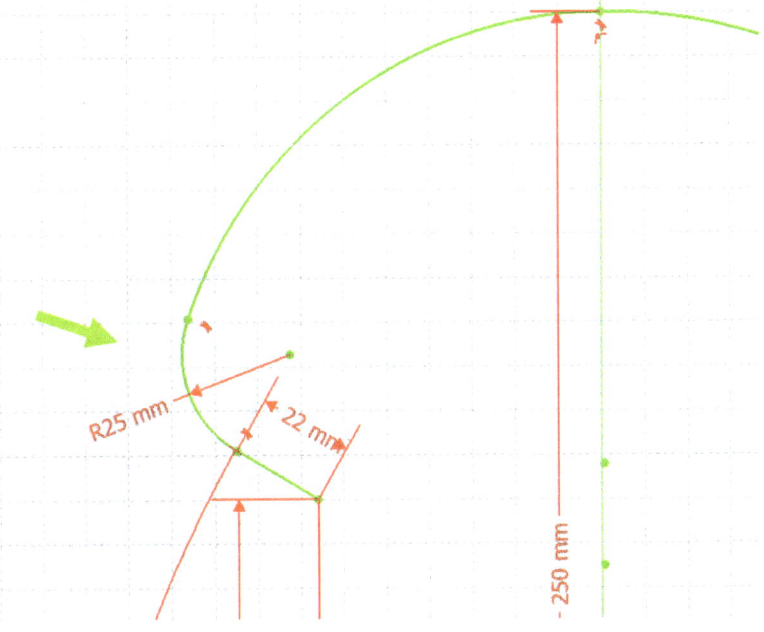

Para el filete dimensionamos el arco resultante con un radio de 25 mm y la longitud del segmento de línea acortado con 22 mm. Entonces el boceto está completamente definido y puede cerrarse.

Una vez terminado el boceto, podemos crear el asa con el comando "Additive Pipe". Para ello, primero seleccionamos el perfil que hemos dibujado para la forma del asa (elipse) y luego hacemos clic en el comando de la barra de herramientas. Después hacemos clic en el botón "Object" de los ajustes para seleccionar la trayectoria en el plano de dibujo.

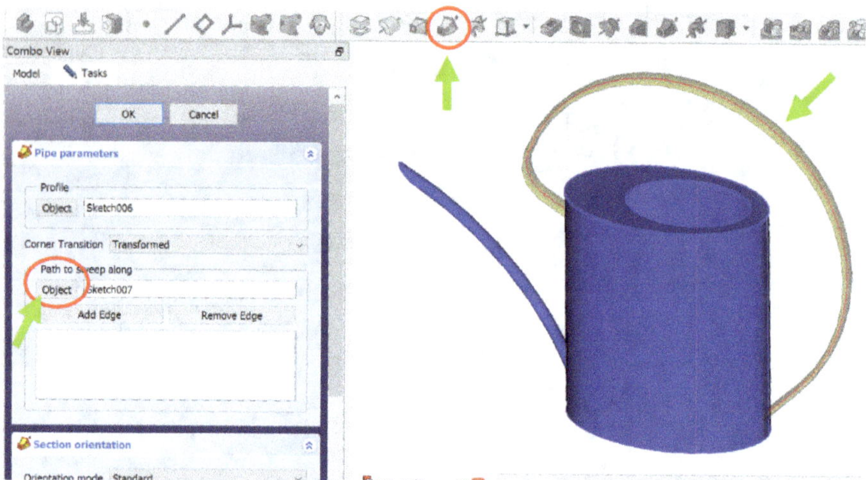

Por cierto: si se produce un error, puedes hacer clic para eliminarlo. El error sólo se produce porque el programa no reconoce un perfil como ruta. Pero seleccionamos la ruta manualmente.

En el penúltimo paso creamos unos filetes de la siguiente manera: 5 mm para los bordes superior e inferior, 2 mm para los bordes de las piezas del bebedero (basta con hacer clic en la superficie del caparazón del cuerpo base) y 0,3 mm para el borde superior del pico del vertedor.

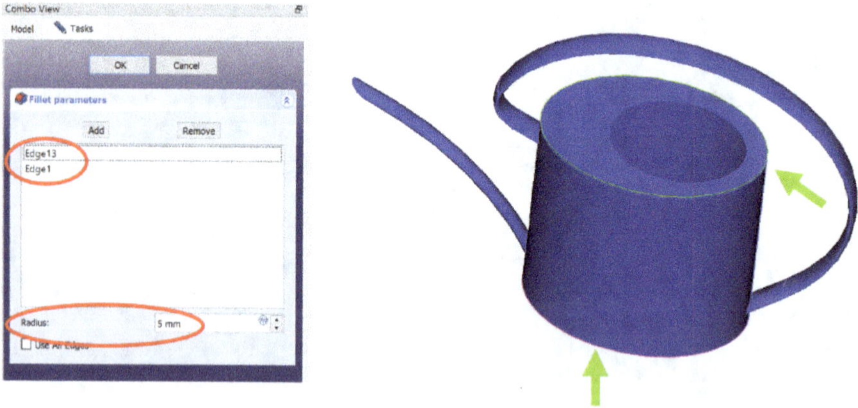

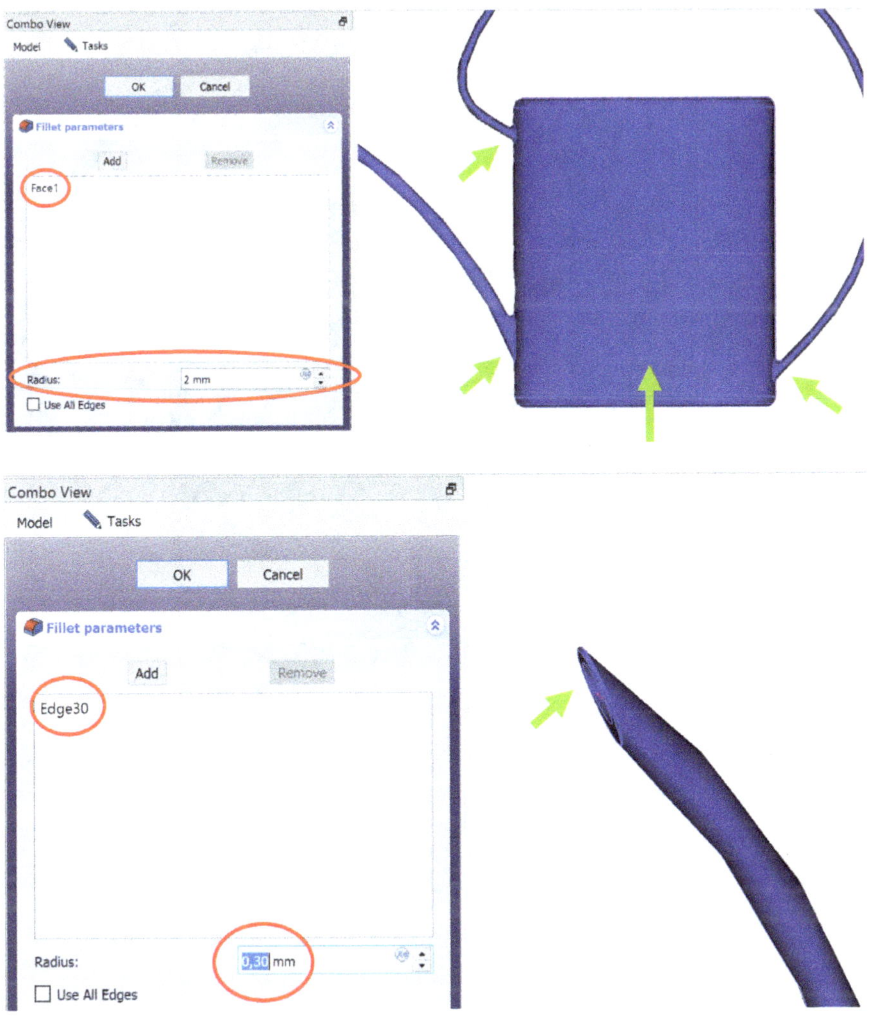

¡Excelente! Como último paso, nos gustaría cambiar un poco el aspecto. Por ejemplo, podríamos crear una regadera de plástico verde.

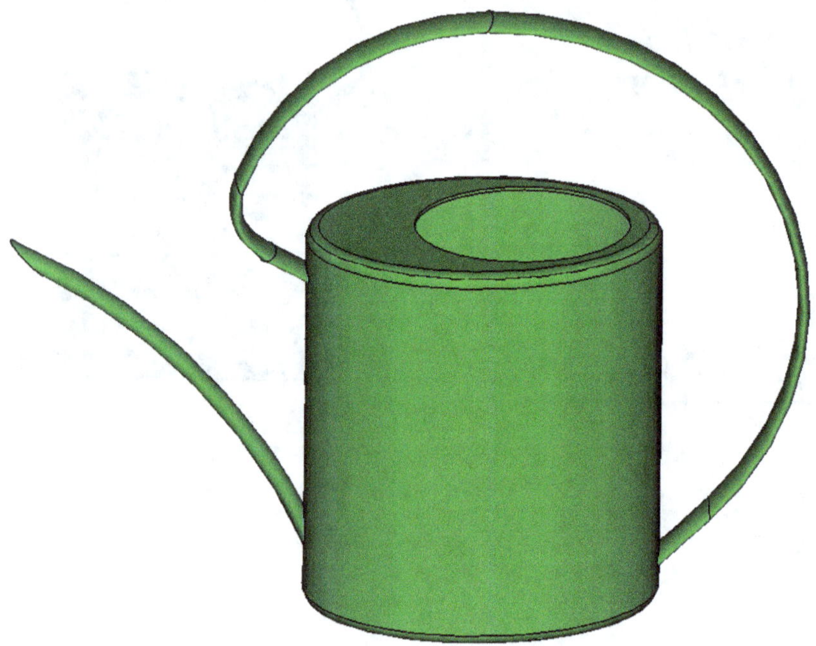

Ahora lo hemos conseguido. La regadera está acabada. Por cierto, podrías imprimir los modelos 3D que estamos construyendo aquí con una impresora 3D. Si te interesa este tema, ¡lo mejor es que utilices mi curso de iniciación a la impresión 3D! Encontrarás información al respecto en las últimas páginas de este libro.

En el próximo capítulo construiremos la carcasa de un mando a distancia. ¡Sigamos adelante!

10 Proyecto nº 9: Mando a distancia

En este capítulo queremos construir un mando a distancia que tendrá un compartimento para las pilas con una tapa deslizante, así como algunos botones. Normalmente, un mando a distancia de este tipo no se construye en una sola pieza, sino a partir de varias piezas moldeadas por inyección. En este caso, sin embargo, sólo construiremos un muñeco, que haremos de dos piezas.

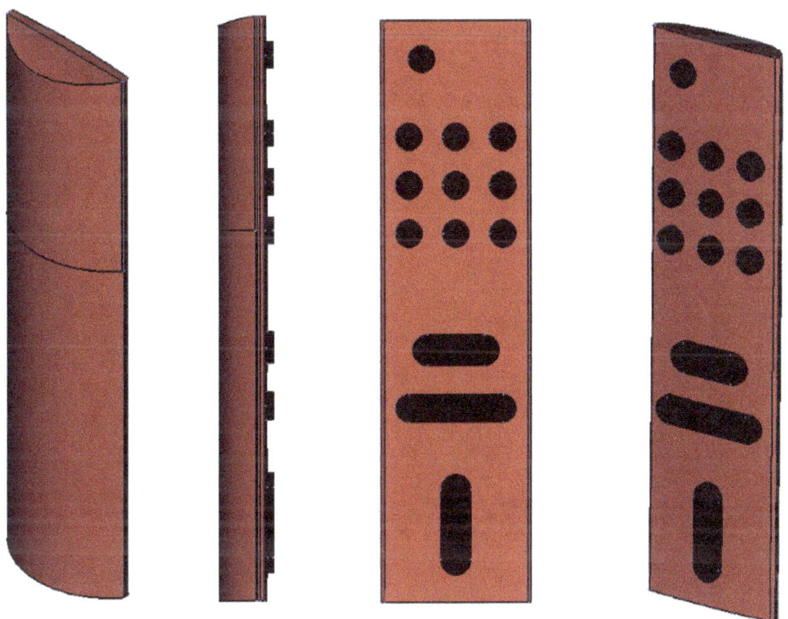

Para el cuerpo básico, que tiene forma ovalada y que crearemos por extrusión, necesitamos primero un boceto 2D en el plano x-y. Comenzamos por la forma de la sección transversal con dos líneas verticales de 2 mm de longitud, una de las cuales colocamos a la izquierda y otra a la derecha del origen. La distancia entre estas dos líneas debe ser de 40 mm. La distancia de una línea al origen debe ser de 20 mm, de modo que las líneas queden simétricas a la línea central. A continuación viene un arco de 3 puntos que une la parte inferior y debe tener un radio de 25 mm.

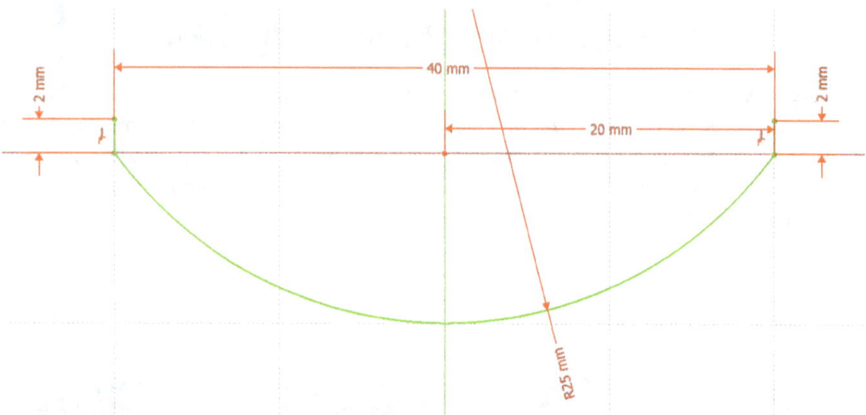

Colocamos otro arco con un radio de 200 mm en la parte superior.

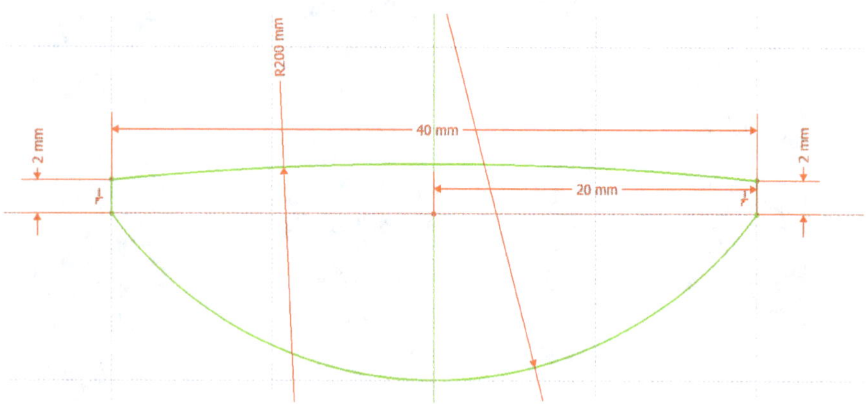

A continuación, podemos cerrar el boceto y crear el cuerpo mediante una extrusión simétrica con una separación de 75 mm cada una. Para ello utilizamos el comando "Almohadilla" como de costumbre y el ajuste "Two dimensions".

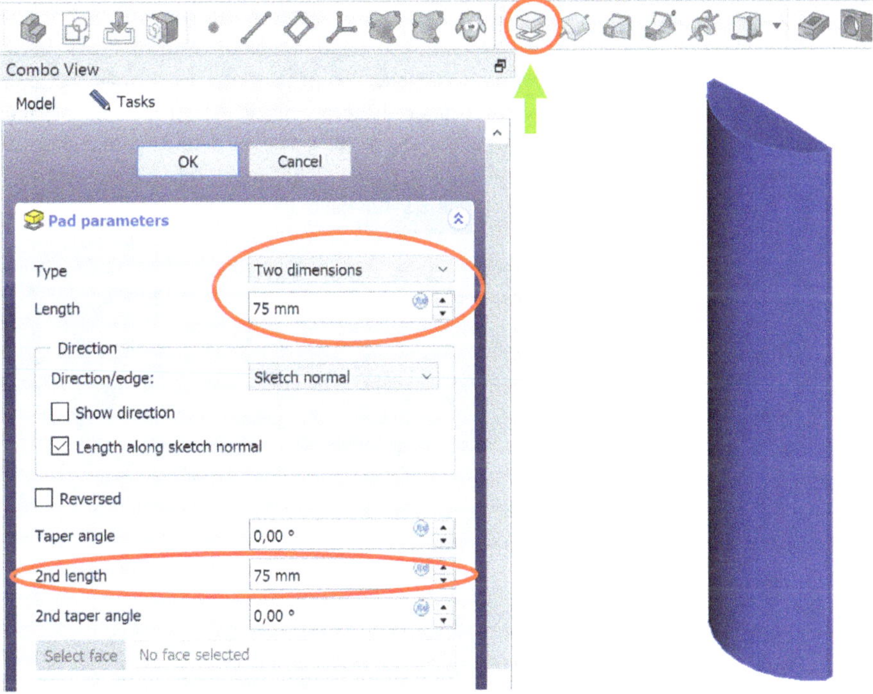

Luego redondeamos los cuatro bordes laterales con 1 mm cada uno.

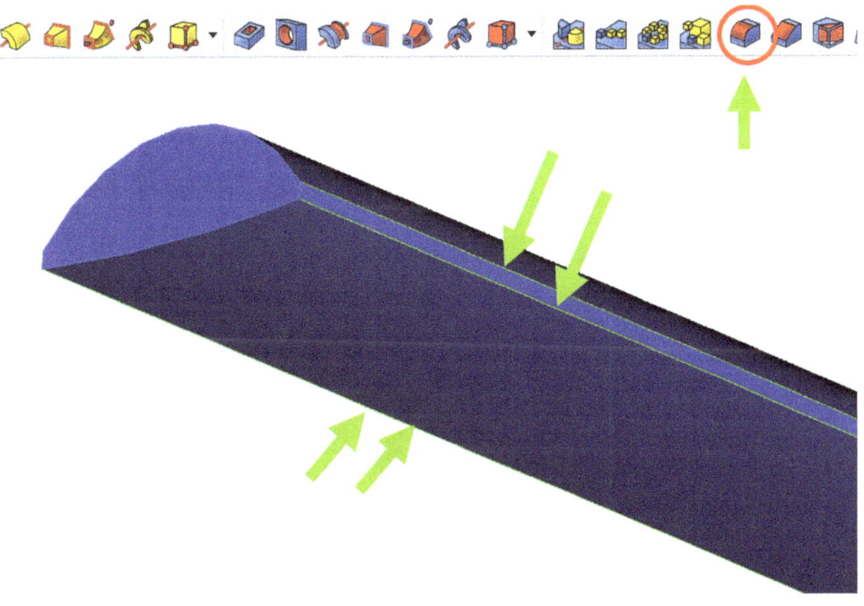

A continuación, queremos biselar un poco la superficie superior del mando a distancia. Lo hacemos con un perfil en la superficie lateral, que luego utilizamos para eliminar material del cuerpo base. Dibujamos el perfil en el plano y-z en la zona superior del mando a distancia. La mejor forma de hacerlo es ocultar el cuerpo principal. La geometría inicial es una línea horizontal que parte de la línea central vertical. Esta línea debe tener una longitud de 10 mm y una distancia de 75 mm al eje de croquizado horizontal rojo. En el punto final de esta línea colocamos una línea vertical de 2,5 mm de longitud.

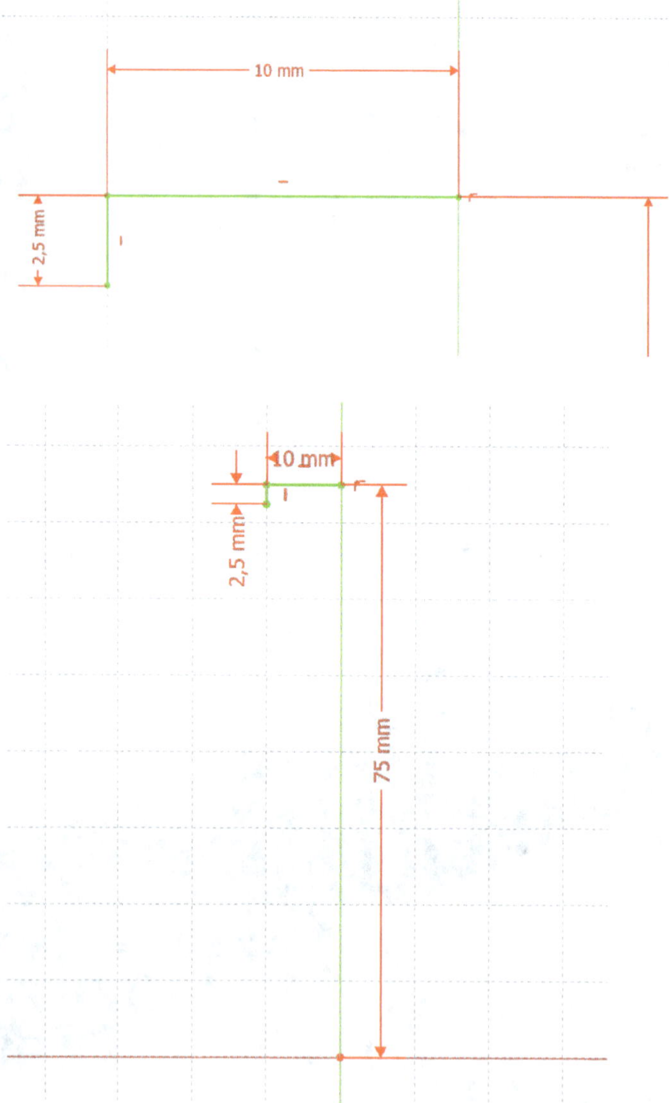

Unimos los dos puntos extremos de la geometría con un arco de 3 puntos. Se le da un radio de 40 mm.

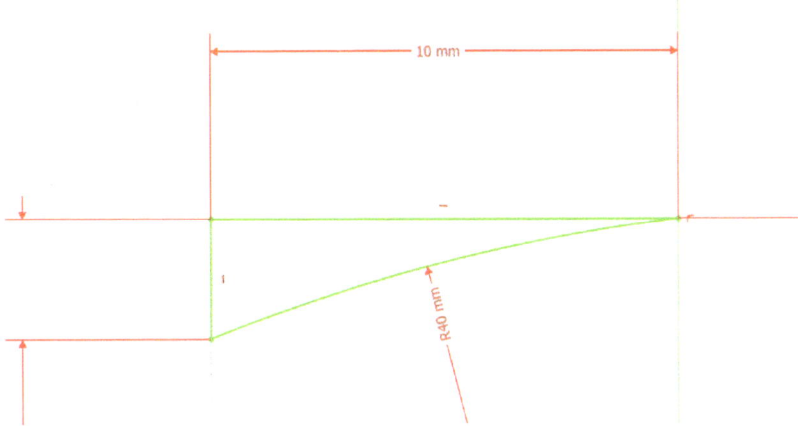

Ahora que hemos dibujado el plano central, tenemos que recortar el perfil desde el centro, por ejemplo 20 mm en dos direcciones, utilizando el comando "Pocket".

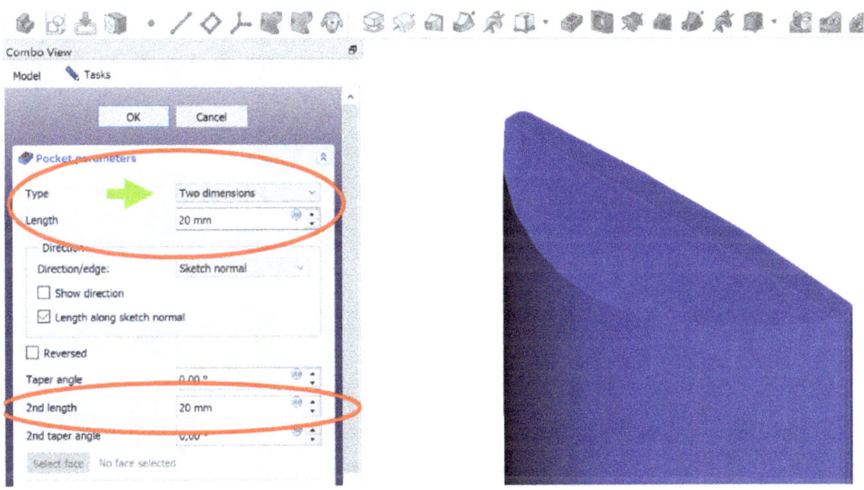

A continuación creamos un plano desplazado 20 mm respecto al plano x-y para hacer un croquis en él para el recorte de la tapa de la batería.

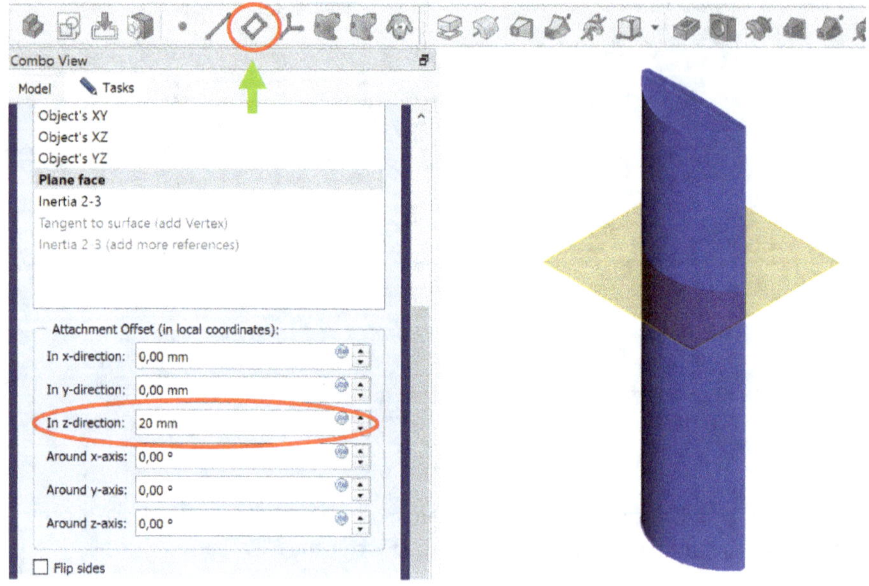

A este nivel trazamos el siguiente perfil:

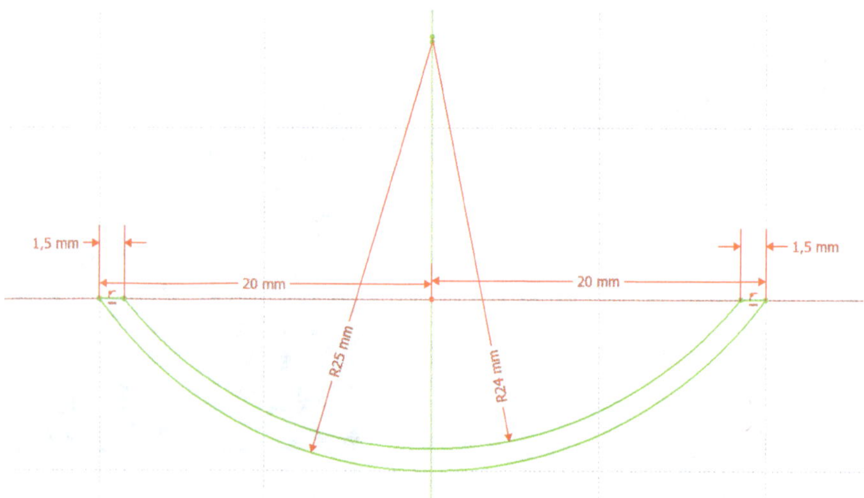

Con este perfil y utilizando el comando "Pocket" eliminamos entonces material en la longitud de 95 mm (dirección: hacia abajo).

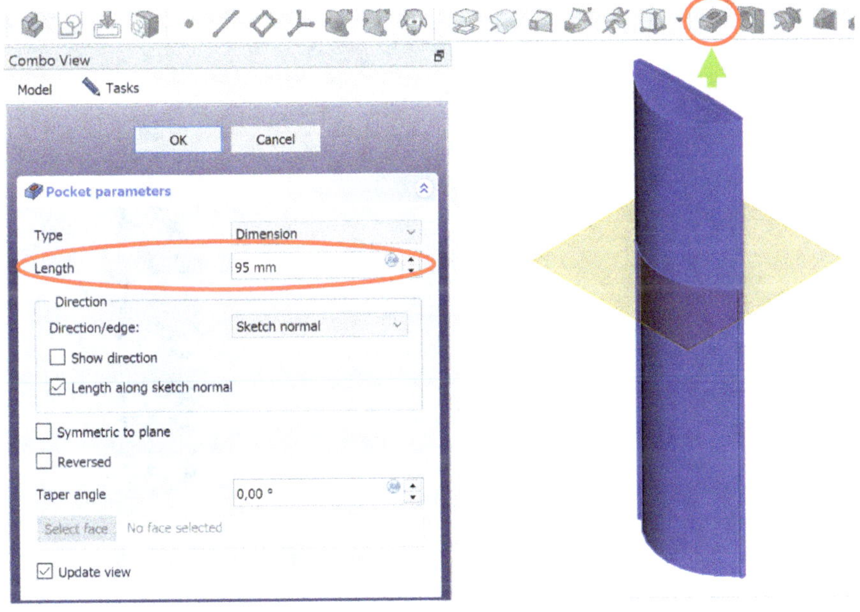

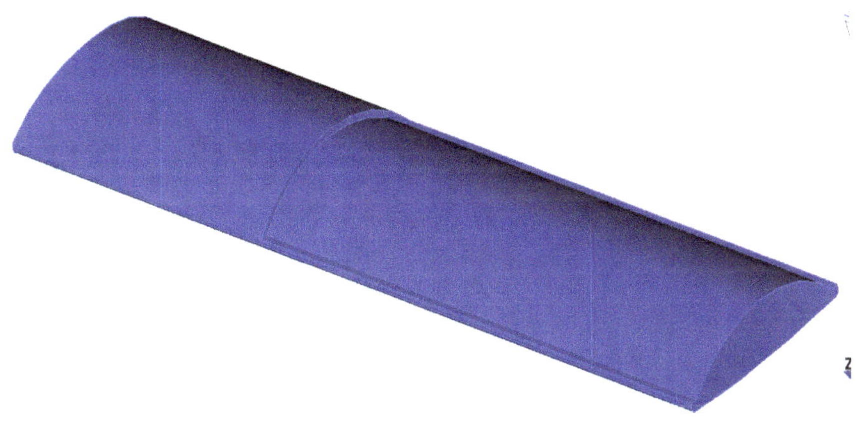

A continuación creamos un recorte para representar el compartimento de las pilas. Creamos un plano paralelo al plano x-z con una distancia de 2,5 mm.

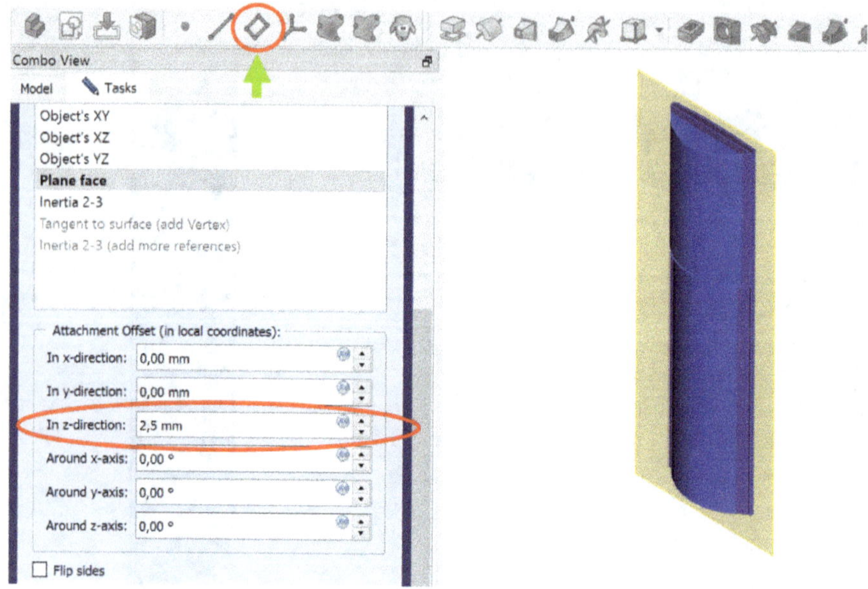

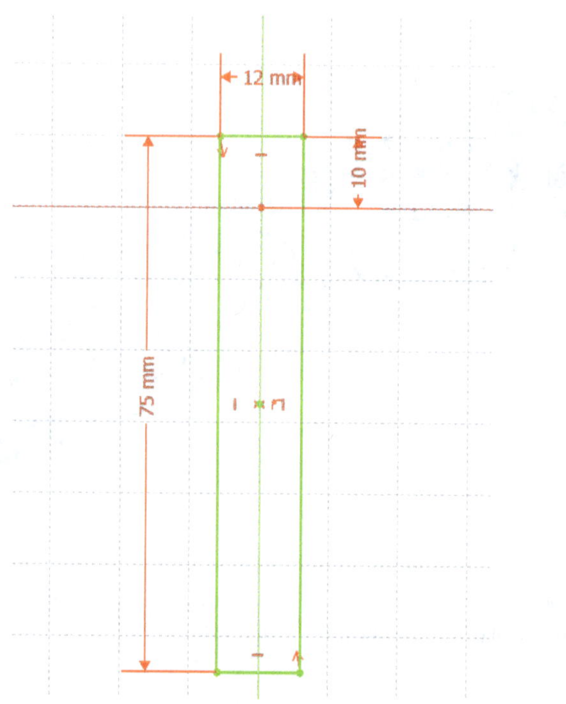

En este plano trazamos el siguiente perfil rectangular:

Con el comando "Pocket" creamos el recorte (10 mm) y obtenemos así el compartimento de las pilas. Para ello, probablemente tengas que activar la opción "Reversed".

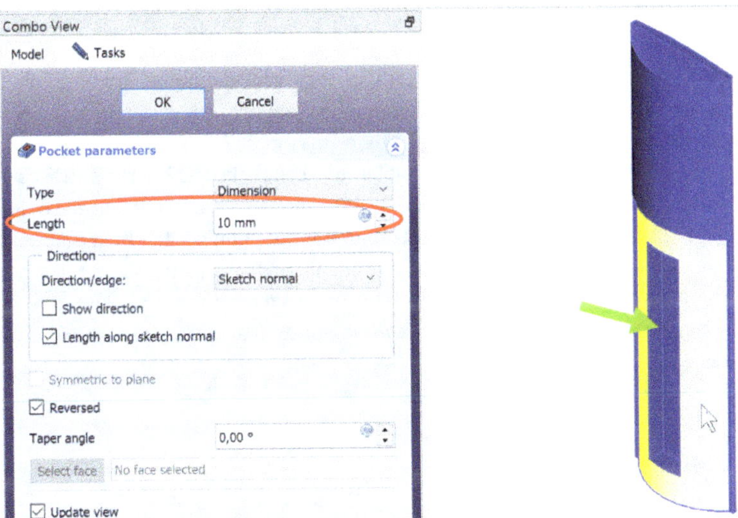

Para que el frontal no se quede tan en blanco como hasta ahora, ahora nos ponemos a trabajar en los bocetos de los botones del mando a distancia. Para ello, creamos un croquis en el plano x-z del cuerpo. Extruimos los botones del interior del mando a distancia. Tenemos que hacerlo porque la superficie frontal del mando a distancia es curva. Si dibujáramos sobre esta superficie curva, las transiciones laterales de los botones no estarían unidas a la superficie. Pruébalo para practicar y entenderás lo que quiero decir.

Así que, como antes, hacemos un croquis en el plano x-z. Para el primer botón, el botón de encendido/apagado, esbozamos un círculo de 7 mm de diámetro en la parte superior derecha y situamos el círculo a 9 mm (horizontal) y 65 mm (vertical) del origen. Al botón siguiente también se le asigna un círculo de 7 mm, que debe colocarse a 12,5 mm (horizontal) y 45 mm (vertical) del origen.

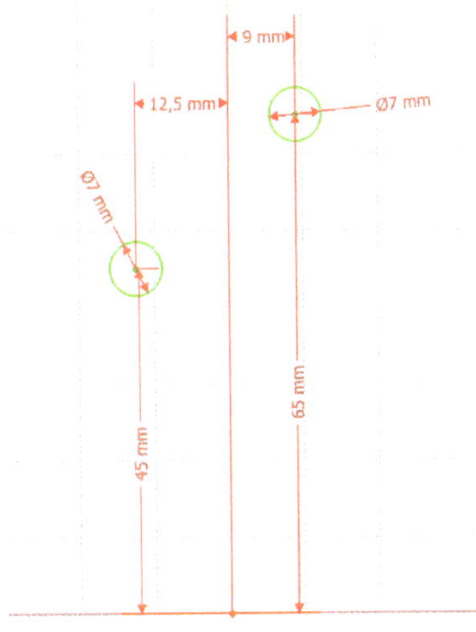

Ahora crearemos un teclado que constará de un total de nueve botones. Para ello, dibujamos ocho círculos más, cada uno de 7 mm de diámetro, como se muestra. Para evitar tener que acotar cada círculo, lo mejor es utilizar la restricción "Constrain Equal" para que cada círculo sea idéntico al primero. Debe haber una distancia de 12,5 mm entre los centros de los círculos. También dimensionamos estas distancias sólo una vez por fila o columna. Para asegurarnos de que el esbozo está completamente definido, también utilizamos aquí restricciones. Con las restricciones "Constrain horizontally" y "Constrain vertically" podemos ajustar los centros de los círculos horizontal o verticalmente entre sí. Para ello, primero hacemos clic en el comando y luego seleccionamos los dos centros de dos círculos adyacentes.

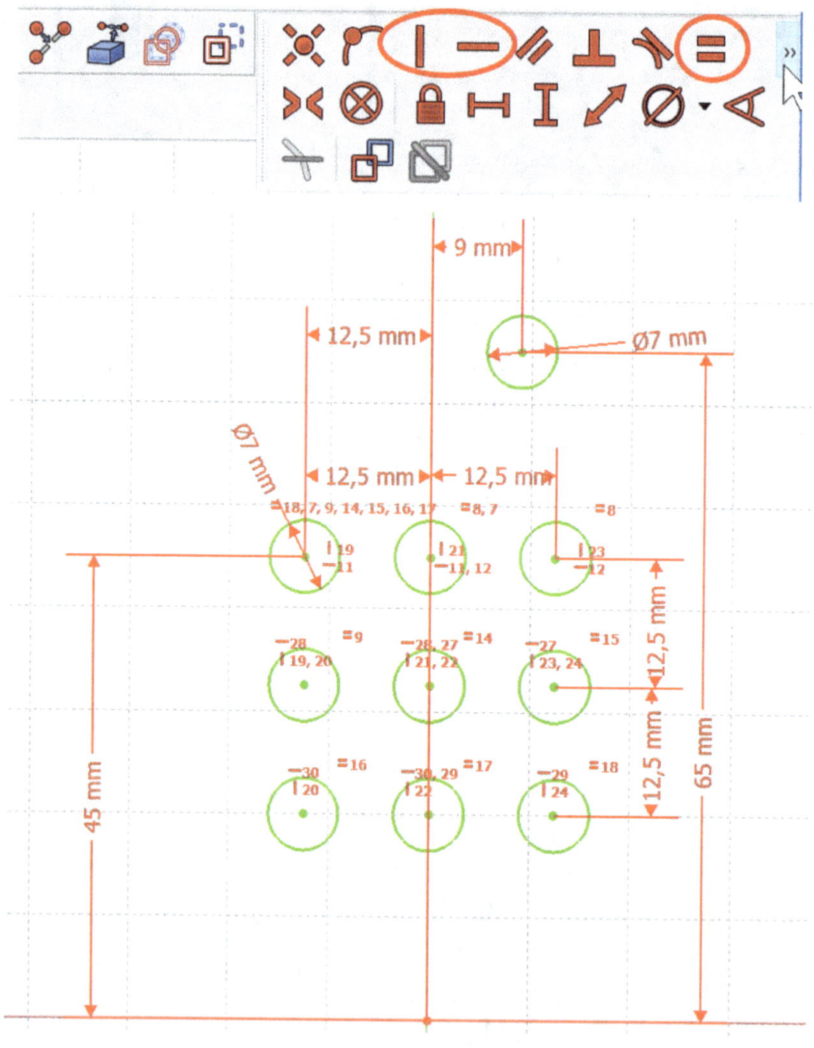

Las tres últimas llaves deben dibujarse como agujeros ranurados. Dos de ellos deben disponerse horizontalmente y uno verticalmente. Debería tener este aspecto, incluidas las dimensiones. Estamos por debajo del eje de croquización horizontal, es decir, por debajo de las otras teclas.

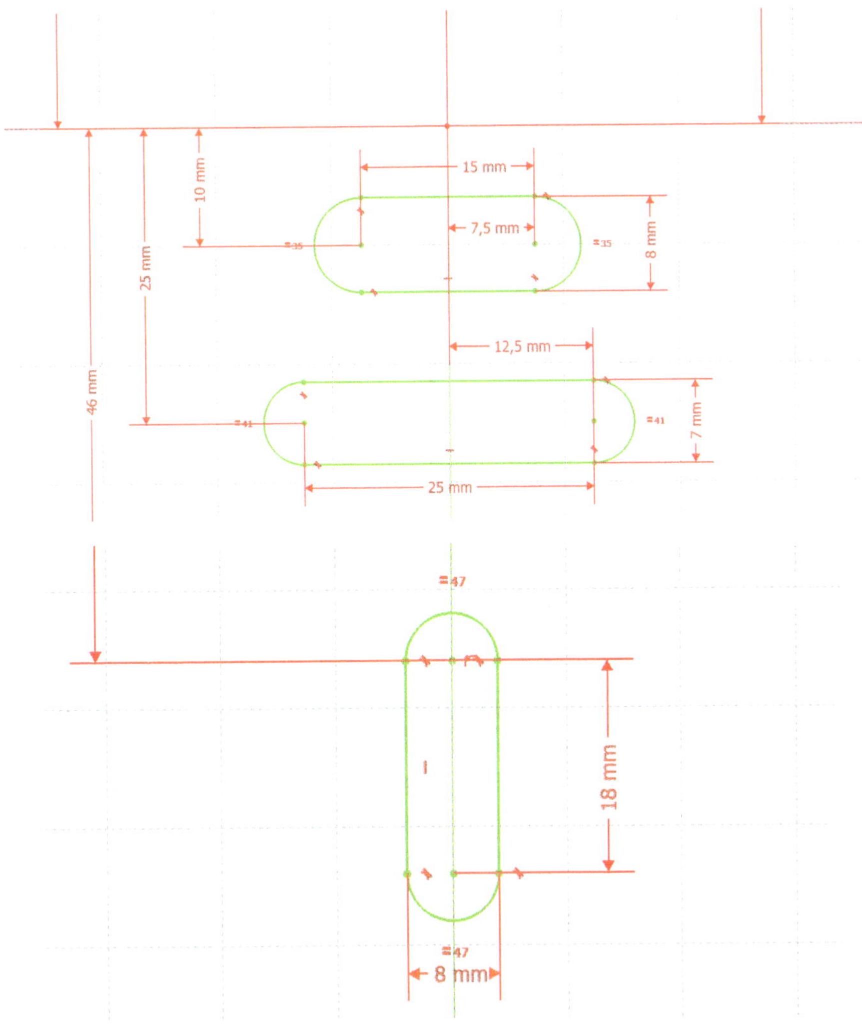

Después podemos terminar el boceto y extruir los botones 4,5 mm con el comando "Pad". Aquí también tendrás que activar la opción "Reversed".

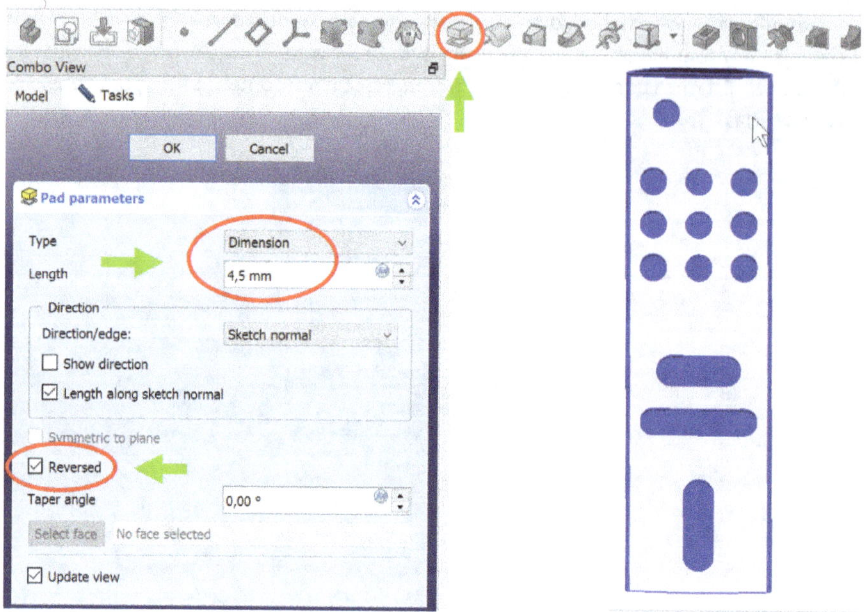

Como sólo estamos dibujando un maniquí, los botones están conectados a la carcasa y <u>no</u> son funcionales, pero aun así queremos distinguir el aspecto en color en comparación con el cuerpo básico. Podemos colorear el cuerpo básico de color rojo, por ejemplo. Ya sabemos cómo funciona por los proyectos anteriores.

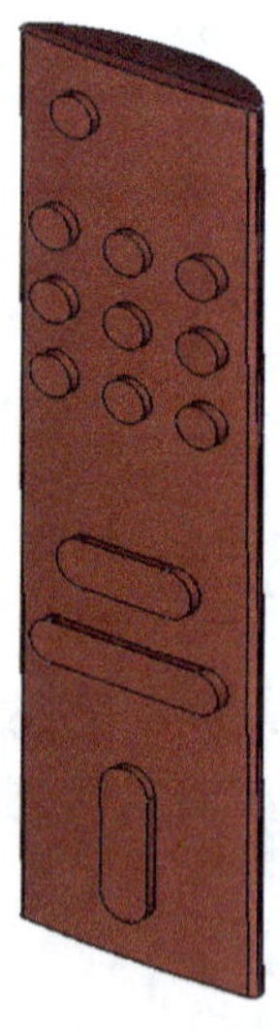

Por ejemplo, queremos colorear las teclas de negro. El procedimiento para ello es algo diferente de lo habitual. Es importante que primero cerremos "Display properties" en la vista combinada de la pestaña "Tasks" haciendo clic en "Close".

A continuación, hacemos clic con el botón derecho del ratón en la característica de los botones ("Pad") y seleccionamos la opción "Set colors ...". Con este comando podemos colorear superficies individuales. A continuación, seleccionamos todas las superficies (botones) que queremos colorear y seleccionamos un color negro.

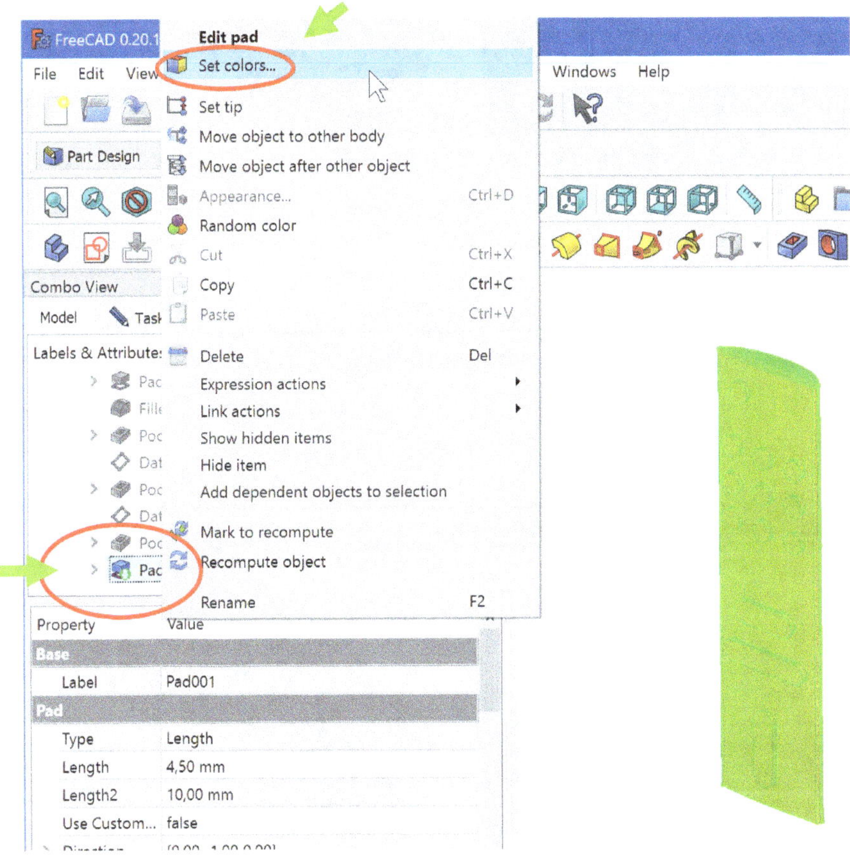

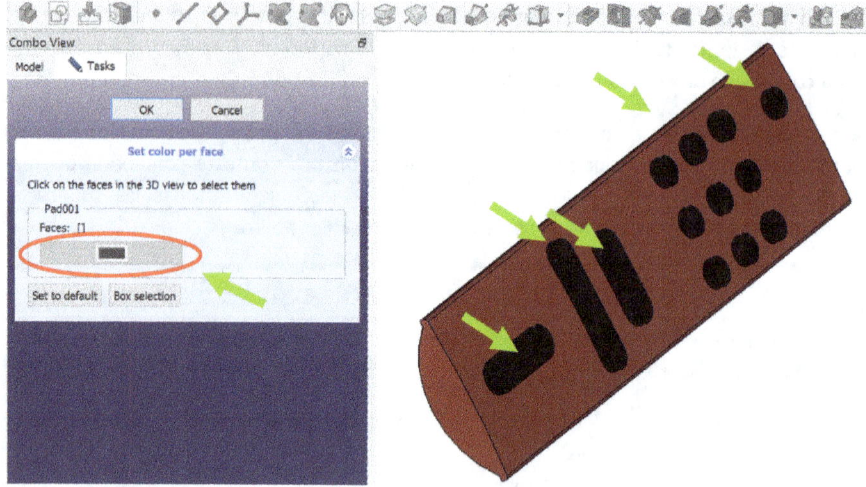

Ahora ya casi hemos terminado. En el siguiente paso, nos gustaría crear una tapa de ajuste preciso para el compartimento de las pilas del mando a distancia. Lo haremos en un nuevo documento, ya que se trata de una parte separada.

En este nuevo documento creamos un cuerpo y un croquis en el plano x-y. En este boceto dibujamos el perfil que ya dibujamos para el recorte de la tapa de la batería.

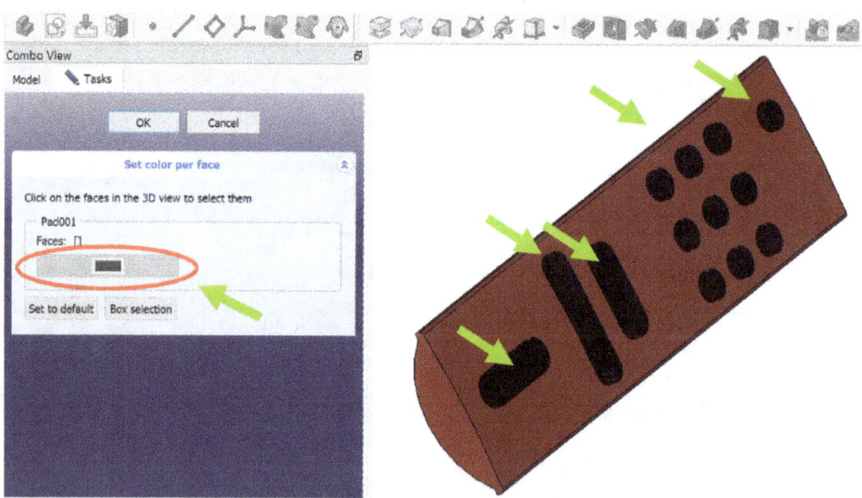

A continuación, extruimos este perfil 95 mm y lo coloreamos también de rojo. La pieza ya está lista y se puede guardar.

A continuación, creamos un nuevo conjunto creando un nuevo documento y pasando al espacio de trabajo "A2plus". En este espacio de trabajo podemos montar la tapa de las pilas del mando a distancia. Para ello, utilizamos el comando "Add a part from an external file" para insertar primero el mando a distancia y después la tapa.

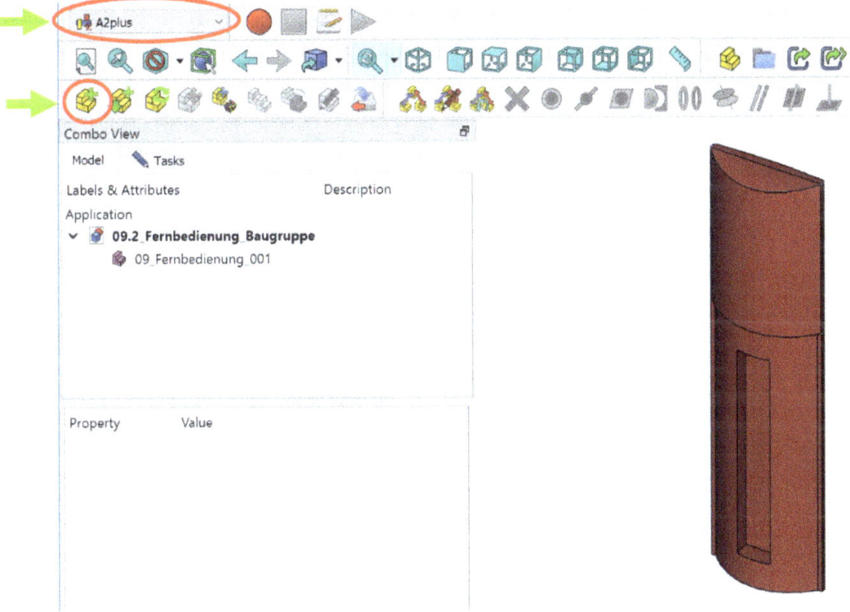

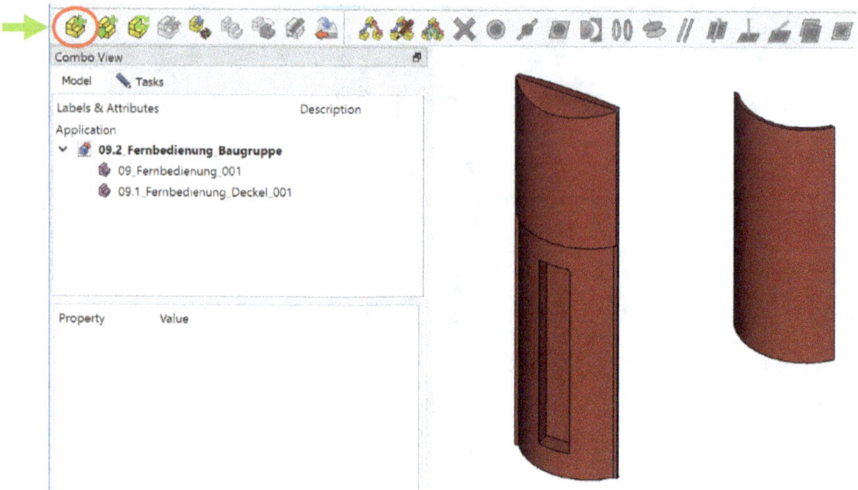

Para el montaje, primero seleccionamos el interior de la tapa y luego la superficie coincidente del mando a distancia. A continuación se muestran las posibles conexiones. Seleccionamos el comando "Add axis Coincident constraint".

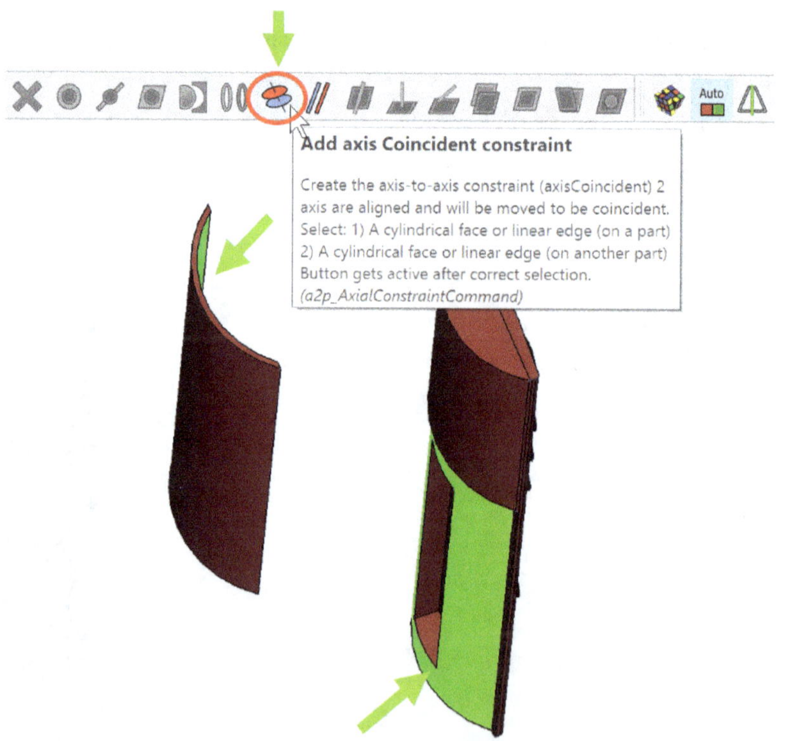

Ahora la tapa puede moverse en sentido lineal. Para fijar la tapa en la posición correcta, seleccionamos las dos superficies mostradas y hacemos clic en el comando "Add planeCoincident constraint".

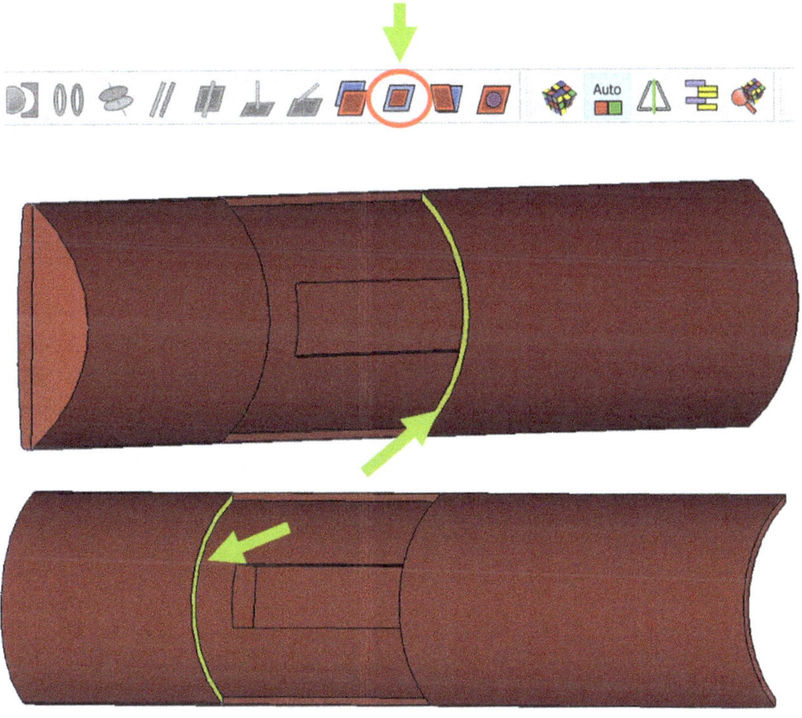

Perfecto, ¡ahora también podemos terminar con éxito este proyecto de construcción y hemos llegado al final del curso! ¡Enhorabuena por haber llegado tan lejos!

Palabras finales

¡Excelente! Lo has conseguido, ¡con este capítulo terminamos el curso avanzado de diseño CAD en "FreeCAD"! A estas alturas ya deberías tener buenos conocimientos de diseño CAD con "FreeCAD".

Juntos hemos construido grandes objetos en este curso, hemos aprendido nuevas funciones y hemos profundizado en funciones básicas. ¡Así que hemos conseguido bastante! Si has llegado hasta esta lección, ¡siéntete justificadamente orgulloso de ti mismo! ¡Enhorabuena!

También puede haber una segunda parte de este curso avanzado de diseño CAD, de estructura similar, que abarcará otros objetos de diseño moderadamente difíciles y muy complejos. Si te interesa, echa un vistazo de vez en cuando a mi página de autor para estar al día.

Y si además quieres experimentar tus objetos de construcción de verdad en 3D, no dudes en echar un vistazo a la impresión 3D. Es tremendamente divertido y beneficioso poder materializar tus propias construcciones.

La mejor forma de hacerlo es utilizar mi curso: "Impresión 3D | paso a paso" ¡y empezar hoy mismo!

Si te ha gustado el curso sobre diseño CAD en "FreeCAD", personalmente me alegraría mucho que me dejaras una calificación y un breve comentario, ¡además de recomendar el curso a otras personas! Esto también ayudará a otras partes interesadas en su decisión. Muchas gracias y hasta pronto.

Libros sobre temas que también podrían gustarle

Todos los libros están disponibles en línea en las plataformas de venta habituales. Sólo tiene que buscar el título o visitar mi página de autor. Es posible que algunos de los libros aún no se hayan publicado y estén disponibles en breve. Eche un vistazo a los libros de su elección y lléveselos a casa como libros electrónicos o de bolsillo.

Impresión en 3D:

CAD, FEM, CAM (creación de objetos 3D, diseño, simulación):

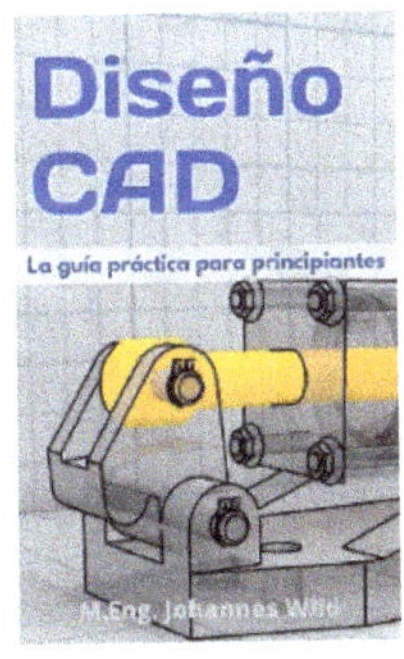

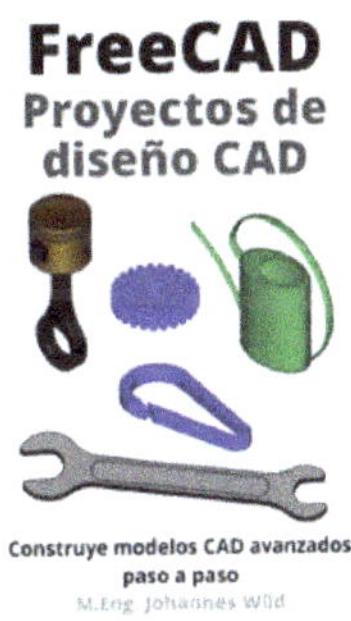

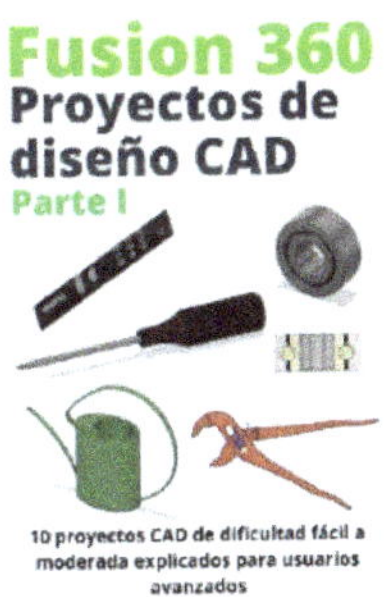

Ingeniería eléctrica:

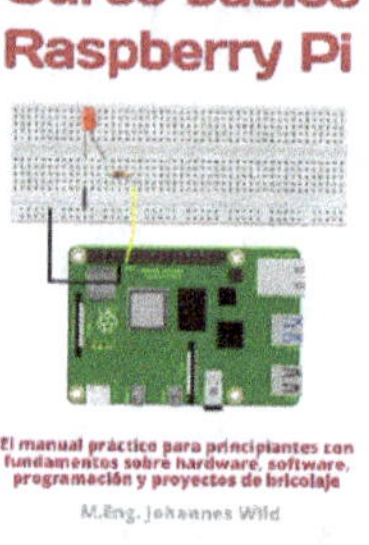

Programación y otros programas:

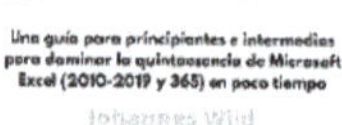

Información sobre el autor / editor

© 2023

Johannes Wild
c/o RA Matutis
Berliner Straße 57
14467 Potsdam
Germany

E-Mail: 3dtech@gmx.de

Esta obra está protegida por los derechos de autor